LA ESPAÑA
EN LA QUE CREO

Alfonso Guerra

LA ESPAÑA EN LA QUE CREO

En defensa de la Constitución

la esfera de los libros

Primera edición: enero de 2019

Avenida de San Luis, 25
28033 Madrid
Tel.: 91 296 02 00
www.esferalibros.com

ISBN: 978-84-9164-489-7
Depósito legal: M. 39.062-2018
Fotocomposición: J. A. Diseño Editorial, S.L.
Impresión: Anzos
Encuadernación: Méndez
Impreso en España-*Printed in Spain*

ÍNDICE

AGRADECIMIENTOS

Deseo expresar mi gratitud a Ymelda Navajo, responsable de la editorial, que acogió la idea del libro; a Mónica Liberman, por su labor como editora; a Andrés Vicente Gómez, que impulsó la edición de este libro, y de una manera especial a Fernando Pajares, cuyo entusiasmo por el texto desbordó toda expectativa, y a los lectores que compartan conmigo la preocupación y la esperanza por el futuro de España y los españoles.

POR QUÉ ESCRIBO ESTE LIBRO

Cuando se aprobó la Constitución española en 1978 los españoles saludamos el texto como la consagración de la libertad. Tras casi cuatro décadas soportando un régimen autoritario, los españoles fueron convocados para que dieran su conformidad o expresaran su rechazo a un texto constitucional que significaba, entre otras muchas cosas, el entierro de una época de infortunios y discriminación. Casi el 90 por ciento de los ciudadanos apoyó con alegría y esperanza una Constitución para la libertad, para la democracia, para el futuro.

Han pasado cuarenta años y aquel texto aceptado por todos con entusiasmo pasa por un tiempo en el que algunos, especialmente los grupos que conforman la élite política y social, actúan y se manifiestan con indiferencia, y aun con desprecio, respecto a la norma que regula nuestra convivencia. Las actitudes contrarias a la Constitución no son una novedad. Sí lo es la reacción de algunos políticos, representantes de los ciudadanos, de algunas autoridades y de otros opinantes en los medios de comunicación.

Si digo que no es nuevo es porque la Constitución ya tuvo que soportar, solo tres años después de su aprobación, un intento de golpe de Estado que se saldó con el enjuiciamiento y prisión de los sublevados, nostálgicos de la dictadura. Durante muchos años la Constitución ha resistido los embates del terrorismo, que nació contra el franquismo, pero que redobló su acción criminal en la democracia, nostálgicos ellos también del totalitarismo.

El último atentado contra la Constitución, léase contra la libertad y la democracia, ha sido el perpetrado por el nacionalismo catalán. Precisamente quien ostenta la máxima representación del Estado en su comunidad autónoma se levanta contra el Estado, violando la Constitución, y de manera novedosa, combinando la conspiración oculta con el asombroso descaro de utilizar la televisión para alardear de la provocación a la ley y a la paz.

Pero ha sido la tibia reacción de una parte de la sociedad a la hora de rechazar la colección de mentiras, burdas y extensas, que los dirigentes nacionalistas han esparcido por todos los medios a su alcance, lo que más alarma produce. No satisfechos con el engaño han diseñado un ridículo plan de «exilio» para perjudicar la imagen de España, muy favorable desde la Transición política. Han difundido en Europa una descripción de España como un país donde no se respetan los derechos humanos, se persigue a los disidentes políticos y se utiliza la violencia contra inocentes ciudadanos que reclaman libertad.

El día en el que comencé a escribir este libro tuvo lugar un desagradable incidente provocado por la insania del presidente de la Generalidad (Generalitat), Quim Torra. Visitaba los Estados Unidos de América junto con una amplia delegación. Acudió a un acto relacionado con el Folklife Festival organizado por la Smithsonian Institution de Washington. En una breve intervención, el señor Torra «informó» a los presentes sobre los «presos políticos» catalanes, las autoridades forzadas al «exilio» y otras falsedades habituales. El embajador de España se vio obligado a desmentir la denigrante letanía de ataques a la democracia española. Lo más grave fue la reacción del señor Torra; se indignó, se sintió ofendido, se levantó y se marchó de la sala seguido por el séquito que le acompañaba. De inmediato pidió el cese del embajador. Nadie solicitó la dimisión del señor Torra. Es el mundo al revés.

Es esta situación lo que me lleva a publicar un libro en defensa de la Constitución. En los ataques históricos a nuestra ley de leyes la reacción fue bien distinta. Cuando el 23 de febrero de 1981 un grupo de militares y guardias civiles rompen las reglas de la Constitución secuestrando al Parlamento y al Gobierno, la reacción contra los golpistas fue prácticamente unánime. Todos solicitaron un castigo contundente para los que pretendían la ruptura del sistema democrático amparado por la Constitución.

Los reiterados intentos del terrorismo etarra, y recientemente el yihadista, siempre tuvieron el rechazo general. Sin embargo, la violenta ruptura del orden constitucional perpetrada por los nacionalistas catalanes ha tenido una respuesta escasamente constitucional, carente de las exigencias de los principios democráticos.

La tendencia a aparecer como flexibles, comprensivos, dialogantes, ha generado una teoría, que algunos llaman *buenismo*, que sacrifica la verdad en aras de la apariencia. La reiterada apelación al diálogo con los golpistas nacionalistas esconde una clara incompetencia, la negativa a comprometerse con una solución difícil pero necesaria para salvaguardar la democracia. ¿Cómo hubieran reaccionado los reiterantes peticionarios de diálogo si algunos lo hubieran propiciado para «arreglar» las cosas con los golpistas Tejero, Milans del Bosch o Alfonso Armada? Seguro que se habrían indignado; con razón. No se entiende que se pretenda por algunos favorecer a los que han intentado la ruptura de la democracia española.

Afortunadamente, la justicia en España funciona. Ya sabemos que es lenta, pero también implacable. A estos modernos muy sensibilizados por la prisión de los golpistas (se ha llegado a pedir el indulto para quienes aún no han sido juzgados) habría que recordarles que quien delinque ha de recibir su sanción. Cuando se celebre el juicio, los magistrados tendrán la palabra. Pero como la comisión del delito la han publicitado en directo en la televisión, es de prever que puedan recibir severas condenas.

Si, como dicen algunos, los nacionalistas pusieron en marcha el proceso de independencia para evitar el encarcelamiento de muchos de ellos en razón a los delitos de corrupción económica, han logrado un pleno, pues ahora podrían tener que compartir tan incómoda situación con los procesados contra la rebelión contra el Estado. El tiempo y los jueces dirán.

Hay, en todo caso, algunas cuestiones que se ofrecen ya con prístina claridad. Aunque el nacionalismo insiste en que hay un conflicto entre Cataluña y España, se puede afirmar con rotundidad que el conflicto es interno de Cataluña, que el nacionalismo ha quebrado la unidad del pueblo catalán. Los titulares de las instituciones catalanas han empujado a una parte de la población catalana a sostener un conflicto con el Estado, de cuyas consecuencias pocos parecen percatarse, pero que ya ha destruido algunas cosas.

Los políticos partidarios del respeto a la Constitución han visto con incomodidad, pero sin una preocupación que no pudieran soportar, cómo el nacionalismo procedía al acorralamiento de los no nacionalistas en Cataluña, mediante una continua política de intimidación; y los pertenecientes a la izquierda no han dicho basta al vano intento de hacer compatible el discurso excluyente del nacionalismo con posiciones progresistas. Es manifiestamente falso, las posiciones del nacionalismo catalán actual se corresponden con las más extremas de los partidos políticos europeos del último siglo.

A los nacionalistas se suman en la denigración del Estado social y de derecho que constituye la Constitución los nuevos llegados del nihilismo iliberal, los que proponen, aunque de manera soterrada, un sistema en el que la libertad es una ficción, desplegada en la retórica pero ausente de la vida de los ciudadanos, un modelo caribeño que termina por asfixiar al pueblo al que se dice defender y representar. A ellos se han unido los escasos elementos del viejo y fracasado comunismo que, sin embargo, impone muchos de sus criterios gracias al *metus* reverencial que aún anida en sectores intelectuales y periodísticos.

Frente a esta panoplia de zapadores de la Constitución, los que son firmes partidarios de la libertad, democracia y progreso que la Constitución favorece y ampara se encuentran amilanados, asustados, incapaces de defender el texto que sepultó décadas de secuestro de la libertad de un pueblo, por temor a ser descalificados por una corte de oportunistas que despliega sus amenazas e insultos. Si defiendes a tu país, te calificarán de cómplice de la derecha; si expresas respeto a los símbolos de la nación española, serás motejado de facha; y lo que es aún peor, los defensores de la Constitución, de España y de su integridad van reculando en sus posiciones hasta conformar un ejército de descontentos acobardados ante la violencia agresiva de unos grupos minoritarios de nacionalistas y antisistema que van avanzando en el dominio de la cultura política del país.

Son estas algunas de las razones que me han impulsado a escribir en defensa de la obra política de la que los españoles deberían seguir sintiéndose orgullosos, la Transición política de la dictadura a la democracia. Porque hubo un tiempo en el que los españoles saludaron con alegría y satisfacción aquel tránsito que devolvió a España la dignidad, escoltada entonces por la valoración entusiasta del mundo. En todas las naciones se citaba la Transición política como ejemplar, un pueblo que pacíficamente cerró un capítulo ominoso, injusto y cruel, mirando al futuro con optimismo, y con disposición de contribuir a crear una España en la que la libertad, la tolerancia y el progreso material dejasen atrás las décadas de injusticia y falsedad.

No soy experto en constitucionalismo, solo un ciudadano español dispuesto a dedicar los esfuerzos de mi vida, que ya no se extenderá mucho más, en defensa de los principios constitucionales, que sin duda representan lo más generoso, lo más noble, lo que mejor respondía a las necesidades de un pueblo ávido de libertad. No podemos encontrar en nuestra historia una acción política en la que se conjugase mejor las ansias de un pueblo que presionaba a sus representantes hacia la concordia y la actitud de unos representantes políticos que por primera vez en la historia abandonaban las exigencias máximas de sus doctrinas para alcanzar un acuerdo que proporcionase estabilidad, respeto y progreso al conjunto de la nación.

Y como lo creo firmemente y contemplo con creciente inquietud cómo algunos quieren derribar esa obra, tengo que reaccionar desplegando las virtudes que la Constitución atesora y proponiendo lo que sería conveniente modificar. No lo hago desde un conocimiento teórico del derecho, sino desde la convicción de ciudadano cuya conciencia está despierta ante los ataques a la Constitución, que podrían derivar hacia la desaparición del Estado, la pauperización de la sociedad y la vuelta al cainismo histórico de la política española.

• • •

Hasta alcanzar un estado de valoración de un texto constitucional, hasta llegar a la preocupación por la importancia de la Constitución, mi trayectoria vital y política recorrió algunos vericuetos.

A finales de la década de los cincuenta, tiempo rígido de la dictadura en España, era yo un estudiante adolescente apasionadamente entregado a la afición poética y teatral en una ciudad provinciana, Sevilla. Pronto habría de chocar con el régimen autoritario que imponía sus reglas de silencio y persecución, también en el ámbito de las artes y la cultura. Buscaba yo una orientación que me guiase frente al muro de incomprensión y ceguera que dominaba la vida pública y privada. Y encontré unas palabras que provocaron una revolución en mi conciencia. En un suelto publicado en *La Vanguardia* el 16 de agosto de 1938 por el poeta Antonio Machado titulado «Lo que yo recuerdo de Pablo Iglesias», contaba el poeta sevillano que su padre le había llevado a un acto público, celebrado en el parque del Retiro de Madrid, cuando él era un niño. Al referirse al orador, el fundador del Partido Socialista Obrero Español, decía el poeta: «La voz de Pablo Iglesias tenía el timbre inconfundible —e indefinible— de la verdad humana». Aquella frase removió mis sentimientos y, bajo la condena general de la dictadura, me hizo acercarme a la corriente política socialista y me uní a la lucha por la libertad.

Pero mis cimientos ideológicos eran débiles y el magisterio que necesitábamos los jóvenes no era fácil encontrarlo en la universidad de aquellos tiempos.

Hecha la elección por vía sentimental, debía completarla con una base ideológica. Esta la encontré en Lelio Basso, director de la publicación *Revue Internationale du Socialisme*, que había estudiado y traducido los textos de Rosa Luxemburgo. Basso fue quien me enseñó que hay que saber mantener una tensión dialéctica entre los objetivos de la acción política y las posibilidades que se nos ofrece en la lucha de cada día. Me apartó tanto de la demagogia como del pragmatismo oportunista, evitándome la tentación comunista así como la desviación anarquista. Más tarde tuve ocasión de conocerle y mantener sustanciosas y lúcidas conversaciones con él. Mi relación personal fue una grata sorpresa, y como tal, absolutamente inesperada.

Había yo recibido una invitación para participar como conferenciante en un curso en Rotterdam. Me avisaron de que los alumnos del curso serían refugiados políticos huidos de Chile tras el golpe militar de Pinochet.

Al llegar al centro donde se impartía el curso me sorprendió comprobar que los supuestos alumnos eran todos altos cargos del Gobierno de Salvador Allende, incluidos algunos ministros, entre ellos Clodomiro Almeyda. Quedé en suspenso: ¿cómo podía yo enseñar nada a aquellos hombres de los que yo quería conocer su apasionante experiencia con Allende en el Gobierno de la Unidad Popular?

Mi angustia aumentó cuando llegaron los otros profesores: el presidente de la Liga de los Derechos Humanos, que era una gran personalidad en Francia, y Lelio Basso, quien había sido mi maestro a través de sus escritos. Pasada la zozobra, iniciamos una tanda de ilustrativas conversaciones para mí. Cuando Lelio Basso murió en diciembre de 1978 recibí una llamada de su más directa colaboradora para informarme del óbito y para preguntar qué proyecto teníamos en común Basso y yo. No pude contestar, nada sabía. Me comunicó que revisando la agenda de trabajo había encontrado una última anotación: «Llamar a Alfonso Guerra. Madrid». Desde aquel día he sufrido la frustración de no saber qué podría ser lo que hizo que un hombre tan extraordinario anotase al borde de la muerte su intención de conectar conmigo.

A pesar de las buenas y sólidas enseñanzas de Lelio Basso, no sentía completada mi educación política. Y vino a llenar el componente moral que me faltaba la lectura y posterior conocimiento de Norberto Bobbio.

Su legado es para mí fundamentalmente un legado ético; es un pensamiento cargado de cultura pero que apuesta por las cosas vivas; es un equilibrio del saber y del vivir que me proporcionó la serenidad necesaria para afrontar los problemas como parte de una evolución que tiene historia y hace futuro. Cada uno de nosotros conformamos una individualidad en una larga fila que viene de lejos, de la que somos deudores, y que seguirá desarrollándose después de nosotros.

Es la serenidad revolucionaria que nos hace ver con claridad que los viejos trucos de contraponer reforma y revolución quedan superados por una decisión moral, apoyar reformas irreversibles que acerquen a la humanidad a un estado de satisfacción inconformista.

Un admirador de Bobbio, como yo, más *amateur* que profesional, encuentra tres Bobbio identificables: el Bobbio del derecho, el Bobbio de los derechos y el Bobbio analista del pensamiento político; en las tres categorías me siento acreedor de la honestidad intelectual de un hombre que supo mantener la certeza de la duda. En los tres ámbitos me preparó para respetar y defender la Constitución.

El Bobbio del derecho me enseñó a respetar la norma; casi medio siglo de secuestro de la libertad había producido en los españoles comprometidos políticamente una acumulación ideológica que no nos permitía caminar por la senda de la realidad; la democracia que disfrutaban los países occidentales era considerada como la democracia formal en contraposición a una indefinida e indefinible democracia real. La vida parlamentaria era calificada como un epítome de la burguesía que no satisfacía nuestras ilusiones. Eran los efectos de una dictadura ciega que nos empujaba a un maximalismo infantil. Bobbio me hizo comprender el valor de la norma, de las formas, del derecho. La democracia es substancialmente cumplimiento de la norma que se dan a sí mismos los pueblos en régimen de libertad. El derecho como sustento de la construcción democrática, como pilar básico de la convivencia y la libertad. Que ahora, en democracia, aparezcan nuevos grupos políticos con aquellos vicios ideológicos resulta ridículo, como si se hubiesen anclado en el tiempo de la dictadura.

El Bobbio de los derechos me abrió a considerar la futilidad de los dogmas. Me hizo ver que no existe una doctrina, sea esta política, filosófica o religiosa que valga más que la dignidad de la persona. La lucha por la dignidad de cada persona es un objetivo superior, es el combate principal del hombre social.

La lucha por los derechos de la persona supera el tradicional enfrentamiento entre el hombre de naturaleza y el hombre social, entre don Quijote y Leviatán, entre Cervantes y Hobbes.

El Bobbio del pensamiento político ha puesto en evidencia la escasa visión de futuro del pensamiento conservador y las carencias de la izquierda en la construcción de la sociedad que proclama.

Gregorio Peces Barba invitó al profesor Norberto Bobbio a venir a hablarnos en Madrid cuando redactábamos la Constitución, y sus ideas, y sobre todo el espíritu de concordia, entendimiento y razón, fueron la clave de bóveda de nuestra actitud filosófica en la tarea de sellar para siempre el largo enfrentamiento de las dos Españas, a través de un texto de derecho, de una Constitución que pudiera ser de todos los españoles, para todos los españoles.

El desconocimiento que tienen las nuevas generaciones respecto de lo que significó la Transición política y de la gran importancia que tuvo en nuestra historia reciente la creación de un Estado constitucional da sentido a todo esfuerzo que contribuya a su divulgación. En los centros educativos se muestra un absoluto desdén hacia los principios constitucionales; los medios de comunicación no cumplen con su función pedagógica acerca de un texto que organiza la vida en comunidad y marca cuáles son los objetivos que el sistema democrático se fija; y los poderes públicos hace tiempo que hicieron dejación de su compromiso de facilitar el conocimiento y debate sobre el significado y las consecuencias de contar con una Constitución que debe ocupar un lugar principal en los estudios. Hubo solo un intento de establecer una asignatura de «ciudadanía» para educar a niños y jóvenes en el espacio común de valores y amor por las instituciones; fue demonizada por la derecha política bajo la acusación de un intento de adoctrinamiento de los alumnos en las propuestas del partido en el Gobierno. Faltó una defensa pública, una movilización que lograse conectar racional y sentimentalmente la pertenencia a una comunidad organizada alrededor de un proyecto, el descrito en la Constitución. Faltó la muestra de respeto a las instituciones públicas que desarmara el descrédito permanente que se pretende de lo público en beneficio de lo privado. Aún encontramos a quien considera que, por ejemplo, la educación privada corre delante de la pública derrochando excelencia frente al nivel básico que se cree imparte la educación pública. Y no hablamos de un airado opinante de las redes sociales; se trata de quien tiene la responsabilidad de la educación universitaria, como miembro de un Gobierno que se condecora con la escarapela de izquierda.

Es el desconocimiento de la importancia de compartir valores que favorecen la cooperación, que ayudan a encontrar un sentido a la vida de cada uno, que educan en el encuentro entre los seres humanos sin dependencia de los aparatos de entretenimiento vacío, que distancian del hedonismo huero, que empujan al intercambio de ideas y sentimientos, que potencian el ser sobre el tener, que crean lazos de sociabilidad en todo lo que hacemos. Es necesaria una función pedagógica que facilite a los jóvenes sentimientos de solidaridad, para que quieran defender la tolerancia, que luchen por la libertad, que protejan la Naturaleza y apoyen la justicia. Ello es lo que me impulsa a compartir estas ideas en una realidad, la española, de confusión e incertidumbre.

El día 9 de julio, tras una pausa en la tarea de redacción de este libro, supe de la reunión que ese mismo día habían celebrado el presidente del Gobierno y el de la Generalidad (Generalitat) de Cataluña. Me reforzó en la conveniencia de la publicación de un libro que, sin deseo de violentar nada, exprese con claridad la gravedad de que convirtamos en costumbre, en hechos habituales, actos y posiciones que no deben ser callados ni ocultados. Citemos algún ejemplo para hacernos comprender. Atendiendo a los informes periodísticos y a las declaraciones de la vicepresidenta del Gobierno y del presidente de la Generalidad (Generalitat), el dirigente nacionalista invitó al presidente del Gobierno a los actos que se celebrarían en Barcelona para recordar a las víctimas de los atentados de las Ramblas y Cambrils. De seguido le informó de que no invitaría al jefe del Estado, ni acudiría a ningún otro acto que convocase el jefe del Estado. No ha trascendido cuál fue la reacción del presidente del Gobierno, si la hubiere. Tampoco se ha podido observar una respuesta clara de condena en los periódicos, en la radio o la televisión. ¿Es posible que la sociedad española y, sobre todo, las élites dirigentes del país hayan alcanzado tal embotamiento mental como para no reconocer la gravedad de tales hechos? Parece que en reunión oficial de los presidentes se conversa con normalidad sobre el boicot o veto al jefe del Estado, sin que tal aberración tenga consecuencias.

Solo unos días antes, el jefe del Estado no pudo celebrar un acto oficial en un recinto municipal de Gerona (Girona), debiendo trasladarlo a un local privado en las afueras de la ciudad. ¿Sin consecuencias? ¿Existe un país del mundo, que no sea España, en el que la jefatura del Estado pueda ser vetada, ninguneada por autoridades de inferior lugar en la jerarquía institucional?

Nuestro país está necesitando de un proceso de clarificación en el que debería estar involucrada toda la sociedad. A este respecto hay que desenmascarar a los que protestan por lo que llaman judicialización de la política cuando políticos afines hayan delinquido, no hayan respetado las leyes ni la Constitución. ¿Acaso se pretende que para algunos la actividad política les garantice la inmunidad, que cuando faltan al cumplimiento de las leyes estén exonerados de procesamiento y condena? Recuérdese que un dirigente catalán pidió el indulto para algunos políticos que ni siquiera habían sido procesados, no digamos condenados.

Estas circunstancias hacen parecer que la élite política piensa que el ejercicio de la libertad debe serlo sin límite; que poner límites, como el cumplimiento de las leyes, coarta su libertad de imponer sus criterios a los demás. Es el mal histórico de España, que nunca supo encontrar un acuerdo en las normas de convivencia. Fernando de los Ríos decía que en España la revolución pendiente es la del respeto. Fue una excepción la Transición política a la democracia que culminó con la Constitución de 1978, en la que el consenso situó a España en el camino del perfeccionamiento como sociedad libre, democrática y responsable. Pero ya están aquí otra vez los viejos demonios de España, su espíritu autodestructivo, esta vez en forma de nacionalismo egoísta y excluyente.

Necesitamos ejercicios de pedagogía; en la modestia de mis capacidades, este libro tiene esa intención y dirección.

La historia de la España contemporánea nos enseña que las élites rectoras de la sociedad han optado con gran frecuencia por el enfrentamiento más que por la colaboración. En su afán de imponer su criterio, los dirigentes han arrastrado en muchas ocasiones al conjunto de la sociedad a luchas de las que han salido todos perjudicados. Para una vez que los españoles llevan cuarenta años en paz y con un progreso relativo —en su comparación con el pasado— no se puede permitir que grupos minoritarios de la sociedad arrastren a todos al enfrentamiento. La balcanización de un país se fragua silenciosamente durante un tiempo, pero cuando se manifiesta ante todos, se acelera el proceso y ya nadie puede detenerlo.

En España vivimos momentos delicados por los esfuerzos de división del país que llevan a cabo los nacionalistas y por los riesgos irresponsables que introducen las propuestas demagógicas de los populistas, excitados por unas lecturas mal digeridas y con prisas por buscarse un lugar al sol en lo que ellos llaman la casta política y social; una auténtica impostura.

Es urgente proporcionar a los más jóvenes los datos reales de la historia y del presente como prevención de aventuras de las que pueden salir satisfechos los dirigentes, pero que casi con seguridad destruirán la vida de muchos ciudadanos sencillos nada dispuestos a nuevos enfrentamientos pero que pueden verse arrastrados a cometer actos de violencia. Es ahora cuando todos deben entender que se necesita su concurso para que las ideas democráticas no terminen arrinconadas por propuestas maximalistas y rupturistas de la Constitución, como garantía de la convivencia pacífica.

Escribo este libro para defender la Constitución de 1978. Lo hago con la ideología del constitucionalismo, de la defensa de los valores constitucionales, no con la consideración de la Constitución como un texto cosificado, que no pretende la aplicación de los principios constitucionales, sino la conservación del texto como un tótem, un fetiche que no se puede tocar.

Escribo este libro en defensa de la Constitución sugiriendo cuáles son, a mi parecer, los cambios que darían aún más vigor al texto; y para señalar cuáles, de entre las reformas que proponen los partidos políticos, no sería bueno para España llevar a cabo. También para oponerme a las medidas destinadas a complacer a los enemigos de la Constitución cuyo objetivo es dinamitarla. Aplicar la política de apaciguamiento, mediante concesiones, nos conduciría directamente a una balcanización de España que todos habríamos de lamentar.

Sé que algunos responderán a mis palabras afirmando que exagero, que no es tan grave lo que está pasando, que basta con contemplar en un día cualquiera cómo los ciudadanos llenan las terrazas, acuden a conciertos y a los cines, pasean con sus hijos y se reúnen con sus amigos. Cierto es, pero cuando se dispara la intransigencia en un país, cuando aparece la violencia como forma de resolver los asuntos, asombra constatar cuán pocos días antes reinaba la paz y la tranquilidad. Debemos prevenir situaciones que los españoles conocieron demasiadas veces en nuestra historia. Y la mejor manera es hacer un gran esfuerzo pedagógico, explicar en todas las ocasiones posibles la verdad de los hechos, combatir las mentiras que envenenan la mente de los jóvenes. En cuanto al método, consiste en no dejar de clarificar y rechazar cada acto que vaya en la dirección de la división de España y los españoles, cada decisión que acerque la descomposición de España como nación, sea por patriotería conservadora como por ataques nihilistas a la patria común. No aceptar que el respeto y amor a la patria sea signo de un pensamiento reaccionario. Sentir un patriotismo constitucional, un apego racional, democrático a la Constitución como norma que regula la convivencia de todos, es ejemplo que tenemos la responsabilidad y el compromiso de extender entre todos los españoles.

Este es el objetivo de este libro, reconocer los valores políticos, sociales, intelectuales y espirituales de la Constitución de 1978 y señalar las oportunas modificaciones que pudieran emprenderse para seguir insuflando vida a un texto que ha ofrecido al pueblo español la oportunidad de paz, igualdad y libertad más sólida y eficaz de nuestra historia.

Sirva también este texto como advertencia de la fragilidad de la democracia. En todos los países se presentan ocasiones en las que el posicionamiento de algunos grupos, las consignas extendidas a grandes multitudes pueden hacer cambiar la situación democrática que, sin embargo, parecía sólida. Al principio los ataques al sistema no suelen ser atendidos y cuando se quieren atajar ya es demasiado tarde. Así ocurrió con la propuesta de sacar al Reino Unido de la Unión Europea, que fue considerada la locura de un grupo sin gran presencia en la política británica; o en el caso de la candidatura presidencial de Donald Trump en los Estados Unidos de América. La mayoría creyó que era imposible que un extravagante millonario con ilusas ideas antidemocráticas pudiese alcanzar el poder en la nación más fuerte del mundo.

Algo semejante ocurre hoy en España. Son pocos los que quieren ver que la política española se desliza hacia una realidad en la que el propio concepto de España entra en crisis, en la que los partidos políticos van abandonando el compromiso fuerte con la Constitución. Cuando fue aprobada en 1978 contó con el apoyo de más del 92 por ciento de la Cámara, con solo seis votos en contra. Hoy se sientan en el Congreso 90 diputados que no se sienten ligados a la Constitución, lo que representa el 25 por ciento de la Cámara. Han abandonado el seno de la Constitución y han hecho nido en las redes sociales, desde donde bombardean cada día con ataques a la unidad de España y al rey, subterfugios ambos para atacar a la Constitución. Es hora de que los demócratas, pertenezcan a este o aquel partido o a ninguno, adviertan el peligro para la democracia y actúen en consecuencia. Si este libro es útil para ese compromiso constitucional se habrán cumplido las expectativas del autor.

1

LA DEMOCRACIA INDEFENSA

En junio de 2018 triunfaba por primera vez en la democracia española una moción de censura. La había cursado el Partido Socialista presentando como candidato a Pedro Sánchez. Fue apoyada por todos los grupos de la Cámara excepto el Partido Popular, que ostentaba el Gobierno, y Ciudadanos. El resto, Unidos Podemos, PNV, PdeCat, ERC, Compromís y otros pequeños grupos se pusieron de acuerdo porque les unía un objetivo común, compartido por los partidos y probablemente por la mayoría de los ciudadanos, la retirada del Gobierno del presidente Mariano Rajoy.

La derecha ha calificado de ilegítima a esa moción de censura. De ahí que los sectores más extremistas hayan denominado al nuevo presidente *okupa*, es decir, que ha ocupado la presidencia sin título legal para hacerlo.

No es verdad, la moción de censura ha sido completamente legal y legítima, pues ha contado con el número de votos que exige la Constitución. Por lo tanto, la campaña de propaganda contra la legitimidad de la moción es parte de la radicalización de la derecha que soporta mal la pérdida del poder, pues, como se sabe, considera que el poder, por derecho natural, les corresponde.

Si hubieran sido más moderados podrían haber criticado a la moción de censura como engañosa, pues el candidato expresó con claridad en el debate de investidura que la moción tenía como objetivo la salida de la presidencia de Mariano Rajoy; llegó a decir que en el caso de que dimitiera el presidente, él retiraría la moción. Reiteró, además, que si prosperaba la moción convocaría elecciones lo más pronto posible. Aprobada la moción y ocupando ya la presidencia del Gobierno, cambió de criterio en pocas horas y anunció que pretendía agotar la legislatura.

Hubo también un segundo señuelo, se repitió que nunca llegaría a un acuerdo con populistas e independentistas. Tanto Pedro Sánchez como el secretario de organización del PSOE lo dejaron claro en público: «No pueden ser en ningún caso nuestros aliados, ni para una moción de censura. No es posible presentar una moción de censura con esos apoyos».

Se aseguró a los militantes socialistas, como al conjunto de los ciudadanos, que no se llegaría a ningún acuerdo con populistas e independentistas. Más tarde se argumentó que no era un verdadero acuerdo, que el objetivo único, compartido por todos, era echar de la Moncloa a Mariano Rajoy por razones de sanidad política. Después se ha firmado un pacto de legislatura con Unidos Podemos con ocasión de los presupuestos generales del Estado. El error del dirigente Pedro Sánchez no fue la presentación de la moción de censura que sirvió para lograr el objetivo de la separación del poder de Mariano Rajoy; su gran error fue no dar cumplimiento a su compromiso expresado en la tribuna del Congreso, convocar de inmediato elecciones. Su error fue no comprender que los aliados con los que pudo hacer triunfar la moción no eran solventes para gobernar.

No pueden negarle a Pedro Sánchez una gran habilidad, defenestrado de la secretaría general del PSOE, recuperó el cargo mediante unas elecciones primarias y alcanzó la presidencia del Gobierno con el grupo de diputados menos numeroso del PSOE de los cuarenta años de democracia. ¿Cómo ha sido posible esta asombrosa transformación?

El comienzo del siglo XXI no fue propicio para España. Se inauguraba con un segundo mandato de un Gobierno conservador del Partido Popular y un presidente, José María Aznar, cuya gestión creó un malestar profundo en la sociedad, no solo por ser favorecedora de los más poderosos, sino también por su estilo de gobernante antipático y soberbio. En la etapa de su segundo mandato recuperó una división política, ideológica y social más propia de la dictadura, un enfrentamiento que todos creían superado con el acuerdo logrado en la elaboración y aprobación de la Constitución.

Finalizando el mandato, a escasos días de la elecciones —había anunciado su renuncia a presentarse de nuevo—, España sufrió un espantoso atentado terrorista de corte yihadista, que provocó dos centenares de muertos, miles de heridos y una profunda conmoción en todos los españoles.

La ciencia política asegura que cuando suceden acontecimientos graves y horrendos se provoca la solidaridad con la persona que ocupa el puesto de mando. Así, por ejemplo, ocurrió con el atentado a las torres de Nueva York. Los estadounidenses mostraron su apoyo al presidente Georges W. Bush cuyo índice de aprobación pasó del 53 al 90 por ciento. Esta es la regla general. Pero no se cumplió en España tras el atentado del 11 de marzo.

Los ciudadanos no se agruparon alrededor de su Gobierno en un momento tan dramático porque intuyeron que les estaban engañando. En una estrategia incomprensible, el Gobierno sostuvo, hasta que no fue posible mantenerlo, que el atentado era obra de ETA, cuando todos los indicios apuntaban a un grupo islamista.

Este estúpido comportamiento del Gobierno facilitó que la oposición accediera al poder. El presidente Rodríguez Zapatero tuvo su oportunidad y la dedicó a ampliar el ámbito de los derechos civiles, particularmente a las mujeres y los homosexuales, y sobre todo, creó un nuevo derecho social, inexistente hasta el momento, el derecho a que el Estado atienda las necesidades de las personas dependientes, de aquellas que por imposibilidad física, psíquica o vejez avanzada no pueden valerse por sí mismas. El derecho se aplicó con dificultades, que no han cesado, pero son muchos los que en situación de necesidad se han podido beneficiar de esta asistencia. Rodríguez Zapatero, con estas políticas y una propaganda exitosa sobre los derechos de las mujeres, logró revalidar un nuevo proceso electoral, pero enseguida se encontró, en forma de topetazo, con la crisis económica generada en los Estados Unidos de América y que muy pronto afectaría a toda Europa.

La Comisión Europea concibió un programa económico para salir de la crisis que la agravó. La política de reducción del gasto y contención del déficit, ambos de manera drástica, produjo un gran desconsuelo en los ciudadanos más débiles económicamente, incremento del paro, recortes sociales en educación, sanidad y pensiones, reducción de salarios. Una política que alentó un capitalismo salvaje, ajeno a las necesidades de una parte importante de la sociedad y propició la ruptura de la unidad europea.

La noche del 9 al 10 de mayo de 2010, cuando Angela Merkel presionó en el Consejo Europeo para que se adoptase su plan de recortes, se retrocedió seriamente en el proyecto europeo.

En cuanto a España, el Gobierno socialista se sometió al programa europeo y propuso, como símbolo de acatamiento de lo que dictaban las autoridades europeas, modificar la Constitución con un precepto, el artículo 135, que daba prioridad al pago de la deuda respecto de subvenir a las necesidades de la población.

Los ciudadanos, especialmente los más jóvenes, llenaron las plazas para manifestar que habían perdido la confianza en los partidos políticos tradicionales. Del PSOE sospechaban que las últimas decisiones y pronunciamientos indicaban que había girado su ideario, desde el socialismo al capitalismo, que se preocupaban más de los banqueros que de los obreros (es el momento de los rescates bancarios). Del PP aún se sentían más alejados que nunca porque el partido se había anegado en una orgía de corrupción que parecía afectar a todos sus dirigentes.

Estas son las razones que explican el vuelco político que se vive hoy en España. Durante tres décadas la vida política tuvo como protagonistas a dos partidos que sumaban en torno al 85 por ciento de los diputados del Congreso. Hoy no es así, siguen siendo los partidos más votados, pero su suma solo alcanza el 60 por ciento.

Han emergido dos nuevos partidos, Ciudadanos y Podemos, aunque esta última sigla no responde solo a la de un partido, sino a una coalición de varios partidos que se presentan en la propaganda como uno solo.

Ciudadanos nació en Cataluña para oponerse a la política discriminatoria del Gobierno nacionalista de la Generalidad (Generalitat). Tomaron el discurso que habían abandonado los socialistas del PSC, ahora en una zona ambigua, indeterminada entre el socialismo y el nacionalismo. Ciudadanos arrebató los votos de los castellanoparlantes que antes eran fieles al partido de los socialistas y contuvo lo que pudo la ambición egoísta del nacionalismo, hasta llegar a ganar las últimas elecciones autonómicas. Al saltar a la política nacional se le ha podido ver una inclinación a llegar a algún tipo de entendimiento con los grupos económicos y financieros más poderosos, lo que le supondrá un freno en sus posibilidades electorales, pues los votantes no tendrán todos los datos pero cuentan con una fina intuición.

Podemos tiene un origen más complejo; en parte son abanderados del movimiento de los indignados, en parte son herederos de los viejos comunistas (de ahí su hostilidad al PSOE, que viene de 1921, cuando el socialismo se negó a seguir las directrices de la Unión Soviética). Aparecen como los enemigos de la *casta*, así denominaban ellos —ya no usan el término— a los que pertenecían a la élite que disfrutaba de todos los privilegios, siempre según ellos. Es lo que explica las soflamas de su líder contra los propietarios de casa con jardín. Hasta que han accedido a ese tipo de disfrute. Su actuación muestra que no querían acabar con la *casta*, deseaban una inversión de *casta*, un cambio de su posición. Entre los enemigos del Country Club, por elitista, siempre se encuentran algunos que dejan de protestar cuando se les hace socios del club.

Estos dos partidos, por ser nuevos, al no haber tenido ninguna responsabilidad de gestión, abrieron una amplia expectativa electoral, puesto que no había motivo para pensar que hubiesen utilizado sus cargos para el beneficio personal. En el caso de Podemos esta simpatía no duró mucho; dirigentes que no declaran a Hacienda sus ingresos, subvenciones públicas para trabajos que no se realizan y sospechas, con fuertes indicios, de financiación de un régimen autocrático, una dictadura continuamente avalada por los dirigentes de Podemos. Sobre esta cuestión hay que señalar la inexplicable actitud del expresidente Rodríguez Zapatero; lo más difícil de entender es que no se levanten voces en el PSOE expresando la indignación que produce que se intente legitimar un régimen que, en nombre del pueblo, ha dejado al pueblo sin alimentos, sin medicinas y sin libertad. Que individuos que han construido su proyecto político con los fondos que le llegan desde una dictadura la apoyen, se puede entender, nunca justificar, pero que un partido como el socialista, con siglo y medio luchando por la libertad y la igualdad, calle ante la legitimación de un sistema corrupto y antidemocrático, se hace difícil de asimilar.

Sostener que la huida de Venezuela de miles de personas porque no pueden soportar el régimen autocrático se debe al imperialismo norteamericano que les ahoga es ridículo e inmoral.

El vuelco político sufrido en el sistema de partidos, el paso del bipartidismo, que fue agotándose por la actitud y la práctica de los partidos que lo componían y por el acoso sistemático de los medios de comunicación y de los otros partidos, ha sido substituido por un escenario de cuatro partidos que no suman para construir un Gobierno sólido. A pesar de los males del combatido bipartidismo, ¿puede alguien sostener que el Parlamento de hoy es mejor que el del bipartidismo?

La ausencia de un proyecto político, que no sea la ruptura de la unidad territorial y el derribo de la monarquía a la búsqueda de la desestabilización del sistema, la falta de una visión de grandes acuerdos sobre los temas fundamentales, la carencia de unas mínimas reglas de educación y decoro político, hacen del Parlamento actual una especie de gallinero donde pugnan por destacar demasiados gallos de pelea. Un ejemplo bien reciente: en la comisión que investiga la financiación irregular del Partido Popular citan como declarante al expresidente José María Aznar. ¿Es posible concebir un espectáculo más degradante? Las intervenciones de Aznar, con el matonismo como divisa, y las de Rufián e Iglesias, que confunden el Parlamento con un coto de caza donde disparar a todo lo que se mueva, con un lenguaje arrabalero, con insultos mutuos, manifiestan su escaso interés en investigar las cuentas del PP. Su obsesión es aparecer en los informativos de la televisión, para lo que no se imponen ni el freno de la educación ni el del buen gusto.

Por cierto, que en el comienzo de la sesión, el nuevo dirigente del PP, Pablo Casado, hizo ostentación pública de afecto y admiración por José María Aznar, lo que probablemente le sirva para lograr complicidad con sus militantes, pero apaga cualquier promesa de nueva ética para los posibles votantes del PP.

Vivimos un momento de gran complejidad en la organización política de la sociedad. La democracia posee unas reglas que la definen y cuyo respeto para los actores políticos, los partidos, es imprescindible para que se pueda hablar de una sociedad democrática.

Hay dos normas fundamentales que delatan la calidad democrática de una sociedad. La primera es el respeto a las reglas de juego de la política, es decir, la Constitución. Los partidos políticos deben hacer declaración explícita de la aceptación de la Constitución, del respeto de los derechos y las obligaciones que implica el reconocimiento de la Constitución, y también la condena sin ambages de la violación de la norma fundamental. Esta es la razón que explica que la ley electoral exija el juramento de cumplir y hacer cumplir la Constitución para alcanzar la titularidad de diputados, senadores, alcaldes, concejales y otros altos cargos de la Administración. Resulta un indicador horrible comprobar cómo los diputados catalanes fugados al extranjero no lo son, pues no hicieron el juramento. Y una prueba de la baja calidad de la democracia española es que ningún partido constitucional haya esgrimido esta cuestión para anular esos votos en el Parlamento catalán.

La segunda regla imprescindible de la democracia es la aceptación por los partidos políticos de la legitimidad de los partidos rivales. ¿Se respeta esta norma en la España de 2018? No de una manera convincente.

Las leyes son de obligado cumplimiento para todos, pero si son muchos los que no las respetan, si los que están más apremiados a hacerlo, si los que detentan el poder de cambiarlas no las cumplen, la ley deja de tener la función que le corresponde. Algo así está ocurriendo con el cumplimiento de la ley esencial, la Constitución. Todos los dirigentes políticos apelan a ella, pero no todos cumplen con sus exigencias.

El momento político está caracterizado por una renovación generacional profunda de los líderes. Es un fenómeno que debería ser esperanzador: Casado, Sánchez, Iglesias y Rivera son personas jóvenes que podrían aportar nuevos proyectos, nuevos enfoques de la realidad que permitan la renovación en la continuidad de la nación. Pero, en cierta manera, todos ellos actúan bajo el síndrome de Adán, es como si ellos fueran los primeros, los que inauguran la política española, contemplan con indiferencia los últimos cuarenta años de España, el plazo más largo de democracia de la historia de nuestro país, lo que genera un cierto cesarismo, cada uno de ellos se considera el único en el ruedo político, desestimando sin necesidad de estudio los proyectos de los demás.

Este fenómeno no es exclusivo de España. En otros muchos países, la democracia se está deslizando hacia una dictadura con elecciones, una dictadura votada. Se elige, sí, al dirigente, pero este se encuentra liberado de contar con los demás para la toma de decisiones.

Hace pocas fechas, el presidente del Gobierno anunció, no en el Parlamento, en un acto de propaganda política, una reforma de la Constitución. Toda persona sensata pensaría que un cambio tan trascendente que afecta a las reglas del juego habría sido previamente consultado con el resto de los partidos políticos, dado que necesita de sus apoyos por la alta exigencia de mayorías que impone la Constitución. No se consideró necesaria esa consulta, a pesar de que el partido del Gobierno solo cuenta con 84 diputados, y la reforma propuesta exige 210.

En concreto, la propuesta de reforma constitucional pretende la eliminación de parte de las causas que llevan al aforamiento (juicio en un órgano judicial superior, en este caso el Tribunal Supremo) de diputados, senadores y miembros del Gobierno; o sea, poco más de seiscientas personas de un total de 250.000 aforados.

Por el tipo de consulta que el Gobierno ha elevado al Consejo de Estado y por la no publicación del documento anexo que se cita en la nota del Gobierno, se entiende que el asunto no estaba aún estudiado, se ha anunciado sin conocer cuál será el final de la iniciativa, sobre todo porque necesita del concurso de muchos.

Pocas horas después del anuncio del presidente, los partidos políticos han descargado el carro de modificaciones que exigen para apoyar la propuesta del Gobierno. A la vista de que la mayoría va en la dirección de debilitar las instituciones del Estado, se puede pensar que quizá los *nuevos* no saben lo que costó al pueblo español, las lágrimas, la sangre, y los sacrificios de la libertad que pagaron los españoles para alcanzar una situación democrática como la que vivimos.

El elemento común de las propuestas de los partidos es la creación de inestabilidad del sistema, centrado en dos asuntos: derribar la monarquía y *desconectar* algunas comunidades autónomas de España. Es el deporte de moda, jugar con fuego, bajo la premisa de que todo es gratis, de que no hay que pagar por los incumplimientos de la Constitución o las leyes. O eso pretenden. Empiezan a hacer cola los solicitantes de indulto para los nacionalistas que dieron un golpe de Estado en Cataluña. Y aún no han sido ni siquiera juzgados.

La crisis política que vive España alcanza una dimensión existencial. No es un lenguaje hiperbólico; una parte de España se declara independiente, en otra se propone que España se constituya como una Unión

Europea, y en otras están con el cuchillo afilado por si alguna tajada se desprende en el combate.

Aquellos que se muestran comprensivos con los que proclaman la independencia de Cataluña deberían ser conscientes de que en la hipótesis de que ello fuera un día una realidad jurídica, el nacionalismo de Euskadi aceleraría su ambición separatista, y si esta se produjese, Baleares levantaría el grito de independencia, que más bien pronto seguirían Valencia, Galicia, Canarias...

La élite política nueva, joven, inexperta, está tocando el suelo de la desolación. ¿Les parecería bien la desmembración de España en diecisiete pequeños Estados? A algunos tal vez, a río revuelto ganancia de pescadores, pero los partidos que tienen vocación y tradición de Gobierno, ¿no ven la necesidad de filtrar las políticas de cada día que nos acercan paso a paso a la disolución?

La defensa de la permanencia del Estado de bienestar es una noble tarea que preocupa a los partidos políticos, pero ello sería imposible si no se defiende la existencia del Estado mismo.

El caos político que se vive en España se desencadenó cuando en las elecciones de 2015 los españoles votaron de tal manera que se compuso un Parlamento disperso, ningún partido contaba con una mayoría suficiente para formar Gobierno, y no resultaba fácil que los partidos alcanzaran acuerdos que facilitasen la formación de un Ejecutivo sólido.

La campaña electoral había estado marcada por un debate retransmitido en directo por televisión en el que el candidato socialista, Pedro Sánchez, había calificado al candidato conservador, Mariano Rajoy, como «indecente». Fue un punto de no retorno, se pudo ver que Mariano Rajoy había culminado su ciclo, su falta de reacción permitió entrever su falta de ganas, ya no era un político dispuesto a emprender nuevos objetivos. Parece que cuando triunfó en las elecciones anteriores de 2011, aceptó la responsabilidad de gobernar como un premio por su éxito electoral, interpretó que los años que estaría en la presidencia serían unas vacaciones en las que habría de cumplir algunas obligaciones del cargo, pero que debía actuar con un cierto distanciamiento, con una cierta frialdad. La tranquilidad que le proporcionó su displicencia ante los asuntos de Gobierno le regaló una actitud indiferente en el Parlamento, lo que, inopinadamente, le convirtió en un buen parlamentario pero en un pésimo presidente.

Aquel debate en el que Sánchez tachó de «indecente» a Rajoy ofreció algún dato más: la decidida ambición de Pedro Sánchez de alcanzar un día la presidencia del Gobierno. Aquel insulto no tenía como oyentes, para Sánchez, a los espectadores de la televisión, al conjunto de los españoles, no, aquel recurso que superaba todas las líneas rojas de un debate iba dirigido a congraciarse con los militantes del partido que le habían elegido por persona interpuesta, Susana

Díaz, pero que ya estaba siendo puesto en crisis por los dirigentes regionales del partido.

La elección de Pedro Sánchez para el liderazgo del PSOE tuvo un curioso itinerario. Cuando Alfredo Pérez Rubalcaba dimitió tras los débiles resultados del PSOE en las elecciones europeas de 2014, en el partido se consideraba natural una salida a través de dos líderes regionales: Javier Fernández, de Asturias, y Susana Díaz, de Andalucía. Autodescartado el dirigente asturiano, todas las miradas se tornaban hacia la dirigente andaluza. Pero en los momentos previos a la nominación del candidato, el dirigente vasco Eduardo Madina propuso que fuese elegido con los votos individuales de todos los militantes de la organización. Una propuesta de este tipo siempre tiene una acogida favorable, lo que desarmó la candidatura de Susana Díaz, que no podía «arriesgar» una campaña interna por todo el país que supondría una ayuda inestimable para sus adversarios políticos en Andalucía, dispuestos a denunciar el abandono de sus responsabilidades en la Junta andaluza.

Así fue cómo los partidarios de Susana Díaz decidieron apoyar a un desconocido Pedro Sánchez frente a Madina. Llegaron a desviar sus propios avales hacia otro desconocido, Pérez Tapia, por la presunción de que dividiría el voto de Madina.

Sánchez fue elegido con el apoyo de Susana Díaz, pero como su meta no era solo la secretaría del PSOE sino la presidencia del Gobierno, pronto emitiría señales, primero de distanciamiento, después de enfrentamiento, con la dirigente andaluza, que había sido su mentora y sin la que jamás hubiese alcanzado la Secretaría General.

Un año después, Sánchez será el candidato en las elecciones de 2015. El PSOE obtiene un pésimo resultado, 90 diputados, pero la vagancia de Mariano Rajoy le regala una ocasión de tapar su fracaso. Tras las consultas del rey con los partidos políticos, Rajoy anunció que no sería candidato a la investidura, a pesar de ser su formación política la más votada y con más escaños, 33 escaños más que el segundo partido, el PSOE.

La renuncia de Rajoy le valió a Sánchez para organizar un acuerdo con Ciudadanos con objeto de presentar su candidatura a la investidura. Él conocía que la fórmula no tendría posibilidad de éxito, pues Podemos había hecho público que no la apoyaría, pero era perfectamente consciente de que una investidura, aun fallida, le colocaba en la rampa de salida de los presidenciables.

Agotado el plazo que establece la Constitución sin que el Congreso fuese capaz de elegir a un presidente, se convocaron nuevas elecciones. El resultado confirmó el Parlamento fragmentado, aunque el Partido Popular aumentó el número de diputados (pasó de 123 a 137) y el PSOE volvió a bajar (de 90 a 85, en verdad 84 pues en sus listas figuraba un representante de Nueva Canarias).

El panorama político del país aparecía lleno de incertidumbres. La formación de Gobierno no era fácil; Rajoy, de nuevo ganador, ahora con 53 diputados más que el segundo partido (PSOE), no podía superar la votación de investidura si no contaba con la abstención del PSOE. Si esta no se producía habría que ir de nuevo a elecciones, con un resultado probable de hundimiento del PSOE. Fue entonces cuando Pedro Sánchez anunció que no habría abstención del PSOE ni nueva repetición de elecciones. Era un imposible, pero jugó la baza pensando una vez más en el apoyo interno del partido. El resultado electoral hubiese significado la dimisión del secretario general del PSOE, pero Pedro Sánchez tenía otros objetivos.

La historia se puede contar desbrozando el ruido que hizo difícil ver lo que estaba ocurriendo. En verdad, Sánchez era también partidario de la abstención a Rajoy para desencallar el atasco de gobernación del país, pero entendió que podría utilizar la abstención contra sus rivales internos.

Cuando Felipe González acudió a una cadena de radio para contar que Sánchez le había comunicado que el PSOE se abstendría, quizá no fue prudente o incluso solidario, pero no mentía.

Sánchez era consciente de que una repetición de elecciones daría un aún peor resultado al PSOE y que por lo tanto los socialistas habrían de pasar el mal trago de abstenerse en la investidura de Rajoy. Tenía, sin embargo, dudas sobre si debería explicar la abstención como un acto de responsabilidad para no empantanar la situación política y social por la prolongada ausencia de Gobierno, por la incertidumbre que se dirimiría en unas terceras elecciones, con la paralización del Gobierno. Contemplaba otra explicación complementaria, haber decidido la abstención por la estabilidad de las instituciones y porque previamente habría alcanzado un acuerdo en el que lograr que el Gobierno se comprometiera a una serie de medidas sociales que favorecieran a los ciudadanos. Esta era la duda, no la de si debía abstenerse o no, esta decisión la tenía ya clara; solo meditaba si era más limpio abstenerse por respeto al funcionamiento de las instituciones o era más conveniente obtener algunos beneficios que mostrar ante los electores. En esa estábamos cuando hizo pública la posición contraria a la investidura con el nuevo eslogan: *no es no*. Al comprobar el cambio quise conocer qué había ocurrido para dar un giro tan patente a su posición. La respuesta fue ambigua y misteriosa: «Es que hemos evolucionado».

Lo cierto es que la nueva posición del secretario general era, una vez más, un instrumento para ganar apoyos en el interior del PSOE. Se trataba de amilanar a los secretarios generales de las diversas regiones, molestos con la posición de Sánchez, al que ya situaban en disposición de pactar con independentistas y populistas. Los dirigentes regionales cometieron graves errores, lo que le facilitó a Sánchez ganar las elecciones primarias internas. Resalta entre los errores la falta de valentía para defender ante la sociedad, o al menos ante los militantes, que la posición correcta era la que había tomado la comisión gestora que presidía Javier Fernández, y que arrostró en solitario la defensa de la posición coherente para un partido de Gobierno.

La galbana de Rajoy, la indolencia para gobernar, la parsimonia ante los problemas más acuciantes y el temor de los dirigentes regionales del PSOE a la reacción de los militantes propiciaron la elección por el método de las primarias del dirigente que por dos veces consecutivas había logrado batir el récord, a la baja, de los apoyos electorales del PSOE.

Para su mayor fortuna, la sentencia que condenaba por delitos de corrupción al Partido Popular y la reacción de Rajoy, entre la ofuscación y la resignación, precipitó la campaña espontánea e inducida que apuntaba a la salida de Rajoy.

Sánchez, que tiene muy desarrollado el instinto de poder, comprendió que era su ocasión, y preparó el resultado de una moción de censura atrayéndose a los grupos independentistas y a los populistas de Podemos, a pesar de que reiteradamente había confesado que jamás presentaría una moción con esos apoyos.

¿Cómo puede explicarse ese cambio de criterio en decisiones de tanta trascendencia? Lo ha manifestado con claridad un colaborador estrecho del presidente del Gobierno: «La coherencia es incompatible con la política». Parece el lema de un mercenario dispuesto a defender lo uno y su contrario, a impulsar a un partido o a otro; lo que importa, parece decir, es la eficacia, pero no es trascendente la dirección a la que se oriente la acción política; lo que importa es el éxito, no es pertinente tomar en cuenta las consecuencias, saber a quién beneficia, a quién perjudica. Es la nueva política, el nuevo PSOE. Los últimos movimientos políticos han azorado, desconcertado, abochornado a muchos socialistas. Observar cómo un antisistema, el jefe de Podemos, saltaba de despachos a celdas de prisión, y de celdas a despachos, «negociando» los presupuestos de un Gobierno socialista habrá sido vivido como un ultraje para muchos socialistas que, callados, prudentes, no levantan la voz pero son plenamente conscientes de que gobernar con el escuálido sostén de 84 diputados conduce a una senda de confusión y desdoro de los principios más queridos y respetados.

Es fácil comprender que cuando un Gobierno tiene voluntad de permanencia, ha de esforzarse en la aprobación de los presupuestos generales, pues en ellos se dibujan las líneas básicas de la política que el Ejecutivo quiere implementar para realizar su proyecto político. Pero, en todo caso, no puede sacrificar las bases del Estado de derecho, pues supondría un mal mayor. ¿De qué serviría obtener la aprobación de los presupuestos si para ello hubiera de arrasar con los principios de la democracia? Este es el peligro al que se enfrenta la sociedad española. Como se necesita el voto de pequeños partidos que exigen cambios que tendrían como consecuencia la destrucción del Estado de derecho, el Ejecutivo haría bien en reflexionar si compensaría a la sociedad española ceder a las exigencias de independentistas y populistas, sabiendo que ponen en grave riesgo el sistema constitucional.

Vivimos una situación compleja y delicada, justamente cuando se cumplen cuarenta años del proceso constituyente en el que unos y otros mostraron una fuerte voluntad de alcanzar acuerdos para la recuperación de la democracia plena, sobre la unidad territorial de la nación y el espíritu simbólico de la monarquía parlamentaria.

Justamente ahora, cuando la nación debiera estar ocupada en celebrar los cuarenta años de democracia, el periodo más prolongado de la etapa contemporánea, los partidos políticos aparecen más divididos, más confundidos sobre cuál es la función que deben desarrollar en un mundo que cambia tan rápidamente. Dos partidos del espectro conservador, PP y Ciudadanos, luchan por llevarse el santo y seña de la derecha española, lo que les empuja a tomar decisiones difíciles de explicar. El primero, prisionero de la mancha de la corrupción que todo lo anega, el segundo intentando presentarse como un partido moderno, reformista, pero jugando a apoyar aquí a la derecha, allí a la izquierda.

Además, están, para complicar aún más la situación, los partidos termiteros, que buscan la desestabilización del Estado de derecho, atacando los dos únicos símbolos que quedan de España: la unidad territorial y la monarquía parlamentaria. Con el apoyo flagrante de algunos medios de comunicación, van día tras día inventando sondeos, manipulando declaraciones en favor de su causa, la desmembración del Estado mediante la secesión y la fragilidad de las instituciones mediante la puesta en causa de la monarquía. Unos y otros se apoyan en su causa, más interesados en la separación por parte del PdCat (Crida), ERC y CUP; más entregados a socavar la institución monárquica los de Izquierda Unida y Podemos, ahora Unidos Podemos. Todos ellos proclaman su enemistad contra el rey a causa del discurso pronunciado por el monarca el 3 de octubre para defender el Estado constitucional violentado por la declaración de independencia de Cataluña. De nuevo hacen trampa, mienten, pues ya antes, en el mes de agosto, en los actos de repulsa a los atentados de las Ramblas y Cambrils organizaron unas manifestaciones contra el rey.

En verdad, la reciente operación de intensificar los ataques a la monarquía, más concretamente al rey, no es más que un señuelo, una trampa para lograr otros objetivos. En un sistema democrático, como el que gozamos en España, es legítimo pretender cambiar la forma de Gobierno, también desvelar cuáles son los objetivos que con ello se persigue.

La campaña contra el rey que han emprendido los nacionalistas y los populistas no está motivada por una cuestión de principios, es una estrategia para modificar la arquitectura constitucional vigente. El nacionalismo pretende la ruptura de la nación y los populistas apuestan por un modelo de democracia no representativa, una democracia plebiscitaria, asamblearia, que por su vulnerabilidad a la manipulación, pronto deja de ser democrática. Atacan al rey porque consideran que el derribo de la monarquía les aseguraría un proceso constituyente en el que intentarían sus objetivos separatistas y antidemocráticos. Por ello es básico entender que no atacan al rey, atacan a la Constitución, atacan a la democracia, atacan a la libertad.

La monarquía española es la única monarquía europea que goza de legitimidad democrática de origen, sometida a debate y decisión en el Parlamento y a refrendo por una amplísima mayoría, casi el 90 por ciento de los españoles. Más tarde ganaría la legitimidad de ejercicio cuando fue clave en el mantenimiento de la libertad amenazada por un golpe de Estado militar. A pesar de todo hoy existe un grupo numeroso, en torno al 25 por ciento de la Cámara, de diputados que no se sienten comprometidos con la Constitución, que tienen otros proyectos. Es legítimo que los sostengan, tan legítimo como que los que entiendan que sus proyectos pueden significar la destrucción del sistema democrático batallen para que no consigan esos peligrosos objetivos.

El PSOE, que afortunadamente no hace proclamación de la secesión ni del acoso al rey, resiste mal la tentación de favorecer indirectamente a una u otra causa.

Es fácil comprobar cómo los máximos dirigentes socialistas han coincidido en el tiempo y en el fondo en sus declaraciones, negando que en la revuelta, golpe de Estado o como se quiera llamar lo que se produjo en septiembre y octubre de 2017 en Cataluña, se den las circunstancias para ser calificada como «rebelión», dando así la razón a los jueces de Schleswig-Holstein y abandonando a su suerte a los jueces del Tribunal Supremo, especialmente al juez Llarena. Hay ejemplos claros de pronunciamientos que favorecen a los encausados. De pronto, todos los políticos se han convertido en expertos penalistas o jueces que enmiendan la plana al Tribunal Supremo. Así, el expresidente del Gobierno, José Luis Rodríguez Zapatero, pone en duda que se pueda acusar a los líderes independentistas de rebelión por los hechos del 1 de octubre: «La verdad es que cuando se escucha el término rebelión, parece que suena a algo muy fuerte. Que no solo son palabras y votaciones, sino acciones concretas y directas. El derecho permite muchas interpretaciones».

La vicepresidenta del Gobierno Carmen Calvo afirma que «hay que adaptar las normas a las situaciones en que en estos momentos nos movemos» porque para hablar de golpe de Estado o de rebelión se requiere «el uso de la fuerza militar y de instrumentos coercitivos». Y eso, «aquí y en cualquier legislación, está vinculado con las armas».

En la tribuna del Congreso, el presidente del Gobierno, que había asegurado en un programa de televisión que no había dudas sobre el delito de rebelión por los dirigentes independentistas, dribló sus propias declaraciones atacando al líder del PP y tomando como cita de autoridad a Federico Trillo: «En 1994, el señor Trillo, diputado del PP, decía que la rebelión se tiene que dar por militares o por civiles armados a la orden de militares. El discurso del señor Casado incluso pasa por la derecha al discurso del señor Trillo».

Les recomendaría a todos los benefactores de los que declararon la república catalana en octubre de 2017 la lectura del auto de la sala segunda del Tribunal Supremo de 17 de abril de 2018, de la que fue ponente el magistrado Alberto Jorge Barreiro, con fama de hombre progresista y contrario a casarse con nadie contra la ley.

En su fundamento jurídico cuarto se hace un impecable análisis:

> Es importante reseñar aquí que el tribunal alemán que ha conocido de una euroorden de detención de uno de los investigados en este procedimiento penal ha estimado recientemente (el 5/4/2018) que no procede su entrega por un delito de rebelión (art. 472 del Código

Penal español) debido a que el grado de violencia ejercitado el día del referéndum no ha sido suficiente para que el Gobierno se hubiera visto obligado a rendirse a la demanda de los insurgentes, al no resultar bastante para doblegar la voluntad del Estado en los términos que exige la aplicación del art. 81 (delito de alta traición contra la federación).

Pues bien, en el caso concreto que ahora nos ocupa, lo cierto es que los 6.000 agentes que se utilizaron para impedir que el referéndum se celebrara resultaron ostensiblemente superados por los dos millones de votantes. Tanto es así que el referéndum, ciertamente sin las garantías mínimas exigibles para otorgarle la legitimidad de origen y de ejecución, sí acabó realizándose, y sus organizadores anunciaron el resultado final. Y es más, siguieron con su hoja de ruta secesionista y acabaron declarando la independencia de Cataluña.

Ello no debe generar extrañeza alguna, dado que para impedir la conducta de dos millones de votantes a los que se ha convencido torticeramente de su derecho legítimo a votar, se precisaría un número muy superior de policías; 6.000 en modo alguno podían evitar que la decisión del Gobierno no fuera doblegada con respecto a ese episodio concreto. Lo que sucede es que si hubiera intervenido un número bastante mayor de policías es muy probable que todo acabara en una masacre, y entonces sí sería muy factible que el resultado de la euroorden fuera muy distinto.

A todos los que ahora intentan rebajar la responsabilidad de los golpistas, «no hay rebelión, tampoco sedición», cabe preguntarles: ¿cuál fue entonces el delito cometido por los que declararon la independencia de Cataluña? Olvidan que por un hecho similar, durante la Segunda República, fueron condenados Companys y los miembros del Gobierno de la Generalidad (Generalitat) a treinta años de prisión.

Se trata de contentar a los dirigentes nacionalistas, al errático, trastornado Puigdemont, a su mayordomo Torra, a Oriol Junqueras, que celebra cada lunes la reunión de la comisión ejecutiva de ERC en las instalaciones de la cárcel, para lograr el voto que garantice la aprobación de los presupuestos generales del Estado.

De paso diré que el susodicho mayordomo, señor Torra, se enfadó porque en una emisora de radio opiné que hablaba como un nazi (definición de los españoles como «bestias con forma humana, que destilan odio. Carroñeros, víboras, hienas»). Ya le habían llamado muchas personas supremacista, xenófobo y no sé cuántas cosas más. Pero cuando yo dije que hablaba como un nazi se enfadó, presentó una querella contra mí, que lógicamente ha sido desestimada por la juez, y me mandó una tarjeta con unas frases que vienen, no a negar su condición de nazi, sino a ratificarla.

Dice en la tarjeta: «Jamás vuelva a dirigirse a mí con la palabra "nazi", el peor insulto que puede recibir un demócrata catalán». Por lo visto, para este señor alguien que sea de Guadalajara, Vigo o Cádiz no puede interpretar el término nazi como un insulto. Escribe para negar que tenga nada que ver con las ideas de los nazis y acaba confirmándolo en el mismo acto.

En cuanto a la estabilidad de la monarquía parlamentaria, el PSOE se pronuncia con la máxima corrección, aunque a veces le cuesta resistir la tentación del seguidismo de los termitas de Unidos Podemos. Tal ocurrió con motivo de la abdicación del rey Juan Carlos I. Fue Izquierda Unida la que anunció la más absurda posición política: tan descontentos estaban con el rey que se negaban a que abandonase el puesto, apostaban por mantenerlo en la jefatura del Estado, negaban el voto a la abdicación.

El grupo socialista se contagió de la imbecilidad de la propuesta, o del proponente, y en un tris estuvo de seguir la estúpida senda que marcaba el heredero comunista.

Precisamente, cuando la democracia estuvo en peligro con el golpe de Estado del 23 de febrero de 1981, el rey asumió la defensa de la Constitución y la garantía de la libertad.

Pasados unos años fueron muchos los que consideraron que la participación del rey en una cacería en Botsuana —en la que no llegó a cazar, a pesar de las fotos publicadas; se cayó y se rompió la cadera— era un asunto suficientemente grave como para enviar al basurero de la historia al monarca que superó un momento gravísimo de la democracia.

No mucho después de este incidente, el rey abdicó. El encono contra él dio lugar a uno de los episodios más grotescos que se han vivido en el Parlamento. Una organización política, IU, que era tan crítica de la actividad del rey, anunció que votaría... contra la abdicación, es decir, que quería mantenerle en el trono. Una actitud infantil —no ser menos que IU— provocó el contagio de la sinrazón en el grupo parlamentario socialista, que quiso sumarse al despropósito de para negar al rey, no aceptar su marcha. Me sentí obligado a atender la petición de la dirección del grupo para que expusiera mi posición. Lo hice con argumentos que convencieron a los diputados socialistas:

> El debate acerca de nuestra votación no tiene sentido. Se trata de que el Parlamento tome nota de una decisión, la abdicación que corresponde al jefe del Estado, como debe ser en una monarquía parlamentaria.
>
> ¿Cuál sería el resultado de un hipotético voto negativo? ¿No aceptar la abdicación del rey?
>
> Utilizar, como hacen otros, esta toma de conocimiento como un pretexto para plantear el debate monarquía/república, no puede ser calificado más que como un ejemplo de oportunismo.
>
> ¿Por qué, entonces, se plantea entre algunos militantes? Porque se mira con el rabillo del ojo lo que hacen otros, por el temor de una pérdida de votos, de apoyo popular. Pero el PSOE es un partido con

vocación mayoritaria, con vocación de gobierno y no tiene la laxitud que se permiten los partidos solo de resistencia o partidos solo de protesta. El PSOE no puede orientar sus actitudes fundamentales por razones coyunturales o por circunstancias puntuales. No podemos actuar como otros que en el debate constitucional se irritaron porque los socialistas propusimos y votamos un voto particular en defensa de la república; ellos no lo votaron y actuaron con un fanatismo monárquico semejante al fanatismo republicano que agitan hoy.

De pasada diré que resulta cuando menos sorprendente que la mesa del Congreso, sin duda ante el temor de la posible reacción, haya aceptado enmiendas a la ley que no tienen cabida por su naturaleza y contenido y cuyas consecuencias supondrían cambiar la Constitución, sin seguir el procedimiento constitucionalmente establecido.

El debate de monarquía/república ya se produjo en esta Cámara, gracias a los socialistas. Y puede producirse de nuevo si se planteara una reforma constitucional que incluyera el título preliminar. Según establecimos los socialistas en el debate constitucional, esto se plantearía si cambiaran las circunstancias que hicieron compatible la actuación de los socialistas y la monarquía, es decir, si dejara de respetarse la democracia por la institución monárquica. No creo que en este momento histórico se haya planteado una intromisión ilegítima del jefe del Estado en la actividad política, hurtándose la democracia. No es preciso recordar la intentona de 1981, aunque olvidarlo sería injusto con un rey sin poderes que puso por delante la democracia y la Constitución.

Cuando en 1977 el Parlamento asumió la soberanía del pueblo y emprendió la tarea de redactar una Constitución que después fue aprobada por referéndum popular, los socialistas asumimos la obligación de plantear todas las instituciones básicas de nuestro sistema político sin excepción alguna. Incluso la forma política de Gobierno. Tuvimos que soportar intensas y reiteradas presiones para que renunciáramos a plantear el asunto, pero las soportamos por fidelidad a nuestra historia, por mantener un proyecto autónomo.

El grupo socialista expresaba que la forma de gobierno y la figura del jefe del Estado no podía ostentar otra legitimidad que la de su asentamiento constitucional y parlamentario. Por eso presentamos un voto a favor de la república. Se votó, se perdió y acatamos la decisión.

Y no quisimos caer en el oportunismo de otros que reclamándose de la izquierda pensaron que la forma de gobierno era algo derivado de pactos ocasionales o debido a gratitudes momentáneas.

La actitud de los socialistas ante la institución monárquica es más serena, más de principios, más estable, más sincera. Es conocida nuestra preferencia republicana y no hay que ocultarla, pero también sabemos que el socialismo, en el poder y en la oposición, no es incompatible con la monarquía, cuando esta institución cumple con el más escrupuloso respeto a la soberanía popular y a la democracia.

Cuando los fundadores del partido, Pablo Iglesias a la cabeza, elaboraron el programa máximo del partido, el ideal, no inscribieron en él la forma de gobierno republicana, lo que da idea del carácter secundario que tenía para los socialistas.

El PSOE durante años no quiso aunar esfuerzos con los partidos republicanos, hasta que la actuación del monarca Alfonso XIII, de forma sectaria, en la vida política que condujo al país a una dictadura, impuso como una necesidad imperiosa la fórmula republicana para alcanzar unas verdaderas libertades públicas y un régimen democrático.

El PSOE fue republicano cuando no hubo otra forma de asegurar la soberanía popular, el imperio de la ley.

Tenemos una imagen de la República como una sola realidad política, pero no es así. Repúblicas hubo cuatro: la de colaboración de clases con los partidos burgueses hasta el año treinta y tres, la de la derecha extrema hasta el treinta y seis, la del Frente Popular hasta la sublevación de una parte del Ejército, y la de la guerra. Y no con todas me siento identificado.

Después de esgrimir todos estos argumentos en el debate constitucional los socialistas nos comprometimos una vez más con la democracia, con la regla de las mayorías y minorías.

Y así anunciamos que los socialistas aceptaríamos lo que resultara en ese asunto del Parlamento constituyente. Si democráticamente se establece la monarquía, en tanto sea constitucional parlamentaria, nos consideraremos compatibles con ella.

De esta manera fue aprobada y los socialistas quedamos comprometidos con nuestro acatamiento, salvo que cambien las premisas que hacen compatible socialismo y monarquía. Apoyamos el conjunto de aquella Constitución porque entendimos que ese era el camino para abrir nuevas etapas de progreso y transformaciones sociales en España.

Con este bagaje de actuación limpia y clara no es posible prestar oídos al debate de monarquía-república que se pretende derivar de lo que hoy tenemos que decidir, que es solo tomar estado de conocimiento de la abdicación del rey.

No podemos caer en la tentación de dejar la defensa de la Constitución a la derecha. No fue su Constitución, sí es la nuestra, la hicimos con el centroderecha de UCD mediante el consenso de casi todas las fuerzas políticas.

Y es sano recordar que nosotros debemos competir políticamente con nuestro propio programa, porque querer competir con el programa de otros nos llevaría al fracaso, a la renuncia de la autonomía del proyecto. En las elecciones unas veces se gana y otras se pierde, pero si lo que perdemos es la coherencia de los firmes y largamente debatidos principios estaríamos lanzando por la borda el largo camino recorrido por hombres y mujeres del socialismo, durante ciento treinta y cinco años, que han entregado parte de sus vidas o sus vidas enteras a la defensa de nuestros valores. Estaríamos también arrumbando el único proyecto serio, coherente, honesto que la izquierda ofrece a tantos hombres y mujeres que no tienen otro instrumento que luche por su dignidad y bienestar, que el Partido Socialista.

¿La monarquía de Suecia o la república de Corea del Norte?

Ha sido siempre una secuencia lógica que los cambios que se producen al paso del tiempo sean detectados y comprendidos antes por los más jóvenes, y que los mayores en edad se resistan algo más a entender y asumir las transformaciones sociales y políticas. Pues no sucede así en España con las cuestiones relacionadas con la forma de gobierno. Son precisamente los más jóvenes los que impugnan la evolución histórica que se ha producido. Durante el siglo XIX y a comienzos del XX aún era ajustado identificar monarquía con autocracia y república con democracia, pero en la actualidad existen repúblicas totalitarias y monarquías democráticas. El cambio se ha producido porque los monarcas de hoy no tienen poder, son figuras representativas, simbólicas, con la exclusiva tarea de arbitrar y moderar el funcionamiento de las instituciones. En el pasado el rey tomaba decisiones por todos, tenía el poder absoluto, podía hacerlo. En los tiempos que corren las cosas no suceden así. Toda persona bien informada sabe que ya no es posible la reivindicación de la república identificándola con la democracia, ni el rechazo de la monarquía por afinidad con la autocracia, porque las monarquías del siglo XXI son monarquías parlamentarias cuyos actos deben ser refrendados por el poder político nacido del Parlamento; dependen, pues, de la soberanía nacional radicada en el pueblo. En la vida política de nuestro país aún no se ha producido esta evolución histórica en los más jóvenes. ¿Puede alguien sostener que la república de Corea del Norte es más democrática que la monarquía de Suecia?

Sucede que en alguna encrucijada histórica corresponde a un rey sin poderes asumir la responsabilidad de la defensa de la democracia por circunstancias excepcionales. Tal fue el caso de la extraordinaria participación del rey durante el golpe militar del 23 de febrero de 1981.

Pasado el tiempo, en conversación mantenida con el entonces Príncipe de Asturias, hoy Felipe VI, comentando cómo la actuación del rey había generado, si no monárquicos, sí *juancarlistas*, el príncipe afirmó que no querría él que el pueblo español tuviese que atravesar otro 23 de febrero para hacer crecer la simpatía popular hacia el monarca cuando él tuviera la responsabilidad de reinar. Qué lejos estábamos de pensar que lamentablemente no pasaría mucho tiempo para que de nuevo se pusiera a prueba al pueblo español y a su rey, con una intentona, esta vez a cargo del nacionalismo catalán. El rey tuvo su 23 de febrero y supo estar a la altura que le exigía la democracia con un impecable discurso en televisión el día 3 de octubre de 2017, que le ganó el odio de los más fanáticos nacionalistas y el reconocimiento de la inmensa mayoría del pueblo español, incluida la mayoría de los catalanes.

Los militares y guardias civiles implicados en el golpe del 23 de febrero fueron detenidos, juzgados y condenados a severas penas, pero la trama civil no se conoció entonces ni ahora, pasados cuarenta años. En aquellos momentos sostuve la necesidad de conocer las cintas magnetofónicas de las conversaciones entre los golpistas y los que estaban fuera del Congreso. Francisco Laína, director de la seguridad del Estado, quien se ocupó de la gobernación del país mientras el Gobierno permaneció secuestrado, ha desmentido reiteradamente la existencia de esas cintas, pero pocos días después del golpe, el 7 de marzo de 1981, se publicó en el diario *ABC* una entrevista con Laína en la que, entre muchos detalles interesantes de aquella noche, decía: «Otra conversación que se produjo antes, y tenemos grabada en cinta, es la del sindicalista (del sindicato vertical franquista) García Carrés con Tejero. Le alienta y le dice que las noticias que da la radio son falsas; le anuncia llegadas de refuerzos, y nombra los regimientos de Villaviciosa y Pavía». En otro pasaje de la entrevista se narra cómo: «Hemos ido cortando líneas telefónicas de las ochenta que hay en el Congreso, ya solo quedan cuatro o cinco. Los psicólogos nos han recomendado "no darles sensación de aislamiento total, para no provocar su nerviosismo". Al final, solo dejo una línea, pero intervenida por nosotros, de modo que cuando Tejero quiere hablar o recibir una llamada ha de hacerlo por nuestra "aduana"».

Es muy difícil dudar de la existencia de esas cintas grabadas durante todas las horas de la noche, y no es un asunto menor, en tanto que desvelaría toda la trama civil. Es un conocimiento que la democracia debe a la nación.

Nunca hasta aquel intento de golpe de Estado se había sido plenamente consciente de que la libertad, por su esencia misma, es frágil y expuesta a peligros de diverso signo, sobre todo cuando todavía es precaria flor de invernadero, nunca se tuvo tan claro que es necesario defenderla constantemente en una labor cotidiana. Nunca hasta entonces se había sido plenamente consciente del inmenso valor de lo que se estuvo a punto de perder: la libertad.

El caso es que fue un ejercicio de catarsis, doloroso y trágico, pero, a la larga, paradójicamente, constituyó un revulsivo para la toma de conciencia de los principales protagonistas políticos de que cuando peligra lo fundamental se impone la solidaridad en defensa de lo que es patrimonio de todos, y el objetivo de consolidar la democracia frente a la amenaza involucionista pasa a ocupar el primer plano de la atención de todos los partidos democráticos.

Una situación bien diferente al escenario político de hoy. Durante la Transición, los dirigentes políticos y sociales trabajaron para lograr un acuerdo que garantizase lo que la presión popular exigía, un acuerdo que consolidara la vida en libertad. El protagonismo estuvo en el pueblo por su presión social permanente, pero también en personas concretas como Adolfo Suárez, Felipe González, Fernando Abril Martorell, Miguel Roca, Santiago Carrillo, el cardenal Tarancón y, de forma intensamente simbólica, el rey Juan Carlos.

El caso de Adolfo Suárez podría ejemplarizar lo que fue aquella generación de la Transición a la democracia.

Suárez quería hacer política y vaya si la hizo

Decía Ortega y Gasset en su ensayo *Mirabeau o el político*, que «se viene al mundo para hacer política o para hacer definiciones». Contraponía de esta forma las dos distintas maneras de interpretar la realidad, que responde a dos actitudes diferentes ante el mundo.

Adolfo Suárez siempre lo tuvo claro, quería hacer política, y vaya si la hizo. Marcó una línea, una raya de separación en la historia de su país, de nuestro país, de España.

Adolfo Suárez es un claro paradigma de autorredención. Quiero que se me entienda bien, su ser interno no cambió, su virtud vivía en su alma desde el inicio, pero su proyección en la colectividad organizada, en la vida social y política atravesó un mar de dificultades hasta encontrar el escenario donde desarrollar la aspiración política noble y con fuerza de cohesión.

Numerario de un régimen oprobioso, aquel joven desclasado nunca perteneció a ninguna de las familias que se repartían el poder. Laborioso y con encanto de seductor fue ascendiendo en el edificio que quería derribar. Alcanzó la cima de la representación ideológica del régimen, y justo ocupando el pináculo del infausto Movimiento, dirigió su vida toda al desmontaje de la vieja e injusta estructura.

En el interior de aquella farsa de organización política, entendió como nadie la necesidad, la conveniencia y la superación histórica de un sistema democrático para España. La respuesta fue que nadie le comprendiera.

Que los foráneos se equivocaran al desconfiar de las intenciones benefactoras del secretario general del

Movimiento, se puede entender. Que los que compartían con él generación y responsabilidad no le entendieran —¡qué error, qué inmenso error!— evidencia las limitaciones intelectuales y morales de aquellos equipos. De pasada quiero recordar que aquel que le recibiera, más bien que le rechazara con su ¡qué error!, sería poco después elegido para ser ministro de España por el propio Adolfo. A anotar para reconocer su espíritu desprendido, sin asomo de venganza.

No encuentro mejor forma de reconocimiento a Adolfo Suárez que la reivindicación de la Transición política a la democracia.

Se puede describir el proceso de Transición democrática, como una combinación de presión desde abajo y liberación desde arriba. No es posible comprender el bienhadado desenlace de la Transición sin considerar el impulso principal del conjunto de la sociedad, de los trabajadores, de los estudiantes, de los comprometidos clandestinamente con la libertad, de la mayoría de los ciudadanos como muestra la alta conflictividad laboral de la época y la intensa movilización social. Tampoco se puede aceptar una interpretación que ignore el relevante papel que tuvieron algunas personalidades, ya citadas, como Adolfo Suárez, Felipe González, Santiago Carrillo, el cardenal Tarancón, Fernando Abril Martorell y con una carga simbólica excepcional el nuevo rey Juan Carlos.

Pero sería imposible no subrayar el especial impulso de Adolfo Suárez en una operación sin precedente histórico en el que los dirigentes conservadores son convocados por Suárez, no como tantas veces había ocurrido en España para ahogar un proceso de libertad, sino para contribuir a la recuperación de la democracia.

Efectivamente, sin un precedente en nuestra historia, conservadores y progresistas renuncian a la exigencia absoluta de sus proyectos, ceden parte de sus propuestas para abundar en el interés común de todos. Este espíritu de acuerdo culmina con la elaboración de la Constitución en 1978, que se apoya sobre el pilar del consenso. La Transición democrática fue un tiempo de incertidumbre, fue un periodo difícil, no fue la evolución natural de la historia, tiempo de avances y retrocesos, con crisis económica constante, con víctimas de la violencia política, con riesgos y asechanzas; pero fue también un tiempo de libertad y, sobre todo, un tiempo de consenso. Nadie podía quedar totalmente satisfecho en sus reivindicaciones, pero nadie quedaba fuera del juego democrático, pues las reglas de convivencia garantizaban a todos la libertad, la igualdad y el respeto a las posiciones diferentes.

Restaurar una democracia sin exigencias penales ni políticas del pasado dejaba pendiente el análisis, el proceso político del régimen de la dictadura, y de alguna manera limitaba la libertad de recordar todo lo que había representado la larga noche de la dictadura para los vencidos. Era el sacrificio de la voluntad para garantizar la vida democrática normalizada de los nietos de la generación que alcanzaba el acuerdo. El objetivo se centraba en que los nietos no sufrieran nunca más la tragedia que sepultó a los españoles en una tumba de violencia y venganza. Se conocía bien quiénes originaron la tragedia y cuánta violencia produjo, pero se trataba en la Transición de mirar hacia el futuro en paz, aunque sin olvidar el pasado. Este fue un pensamiento que estuvo en la mente de todos durante la Transición que conquistó la libertad y la democracia para todos los españoles.

Se debió, como ya queda dicho, a muchos factores, pero insisto en que no puede obviarse la clara voluntad de cambiar la historia que tuvo un hombre, Adolfo Suárez, del que hoy debemos reconocer su importante papel.

Se han oído muchas historias de animadversión entre Adolfo Suárez y quien esto escribe. No hagan caso. No cuentan la verdad. He tenido la fortuna de mantener una intensa relación personal con Adolfo, durante su mandato y especialmente después de su salida del poder, lo que ha meritado el privilegio de poder visitarlo aun en la enfermedad, lo que agradezco personalmente a su hijo.

Hay un momento que recuerdo con fuerza emocional: sus palabras que tengo anotadas desde la noche en que las pronunció. Habían transcurrido once meses desde que recibiera una llamada de Adolfo, en enero de

1981, anunciándome que iba a dimitir de la presidencia del Gobierno.

Estábamos, pues, en diciembre de 1981, en una grata conversación de sobremesa, cuando le dije: «Adolfo, el día que me anunciaste la dimisión estuviste hermético; hoy, pasado casi un año, ¿podrías decirme cuál fue el impulso que te llevó a aquella decisión?».

Se estiró en el asiento, quedó unos segundos pensativo, y con voz profunda pero suave dijo: «Al final estaba solo: el partido dividido, un Gobierno inoperante, los poderes fácticos en contra y los canales de diálogo con la oposición cortados. No había otra decisión».

Estaba contemplando la soledad del corredor de fondo, desclasado del grupo y conductor del mismo, venerado y abandonado, líder y nada. Fue el momento en que comprendí que la amistad no es otra cosa que una negociación siempre inconclusa de dos soledades. Le sentí más amigo que nunca.

Asomó una sonrisa en sus labios y dijo: «En lo personal, tengo totalmente superada la erótica del poder, estoy dispuesto a aportar todo lo poco o mucho que de activo político me quede para hacer posible vuestra gobernación del país, como vosotros me habéis ayudado a mí». Mi reflexión fue: «No ha dejado ni un día de pensar en España».

Como dijo el poeta Hölderlin «Algunos hombres se ven obligados a aferrar el relámpago con las manos desnudas». Así fue Adolfo Suárez.

Cómo se utiliza hoy la Transición para justificar las carencias de la política actual

Completado el espectacular cambio político de la dictadura a la democracia, y lejos ya de aquel momento fundacional, han proliferado las explicaciones sobre qué fue aquel tránsito, cómo se realizó y qué significación histórica debemos darle. A veces la explicación no pretende la búsqueda de la verdad de lo sucedido sino que es un argumento más que apoye la posición política de los que la exponen. Se hace «historia» con la Transición de 1978 utilizando razones políticas de 2018, aunque para ello haya que echar arena en el proceso y en los ojos de los que la estudian. Y en esta tarea aparece siempre el intento de atribuir el protagonismo a unos o a otros, en algunos casos para repartir medallas, en otros para culparles por su actuación.

Las primeras interpretaciones, en el tiempo, cantaron una Transición modélica, ejemplar, exportable al mundo entero y obra de unos dirigentes de la dictadura franquista que la habían concebido y programado, y de los dirigentes de la oposición antifranquista que la habían pactado con los reformistas del régimen. Esta es una explicación capciosa, porque aunque tenga algunos elementos verdaderos, se olvida de otros muchos factores que fueron determinantes para lograr el éxito del proceso.

En primer lugar, es muy aventurado sostener que los reformistas procedentes del franquismo tuviesen perfiladas sus intenciones de llevar al país a una democracia homologable con las europeas; es más realista pensar que pretendían cambios —sin duda—, pero que no representaban el cambio que el país reclamaba y necesitaba. Aquel fue un proceso abierto, dialéctico, en el que influyeron muchos componentes y circunstancias que fueron modificando los proyectos de unos y otros.

Si se aceptara la versión de que la democracia fue una decisión del reformismo franquista desde el principio, sería muy difícil explicar cómo el rey, que jura lealtad a los principios fundamentales del Movimiento, cómo el secretario general del Movimiento, cómo los casi quinientos procuradores en Cortes, franquistas absolutos, cómo todos ellos abjuran, de un día para otro, del régimen al que sirven y del que se sirven. Esta realidad exige otra aclaración más matizada.

No solo fue un condicionante importante la actitud democratizadora del rey y de los dirigentes procedentes del franquismo que apuestan por la reforma; también lo fueron —con igual o mayor importancia— la crisis del sistema, el descrédito del intento fraudulento de la «apertura» del Gobierno Arias Navarro, las exigencias de los grupos de oposición a la dictadura, la movilización ciudadana y las protestas de los trabajadores.

Del rey es fácil entender su objetivo de salvar la institución monárquica, pero sabedor de que ello no sería posible si esta continuaba ligada a la dictadura, emprendió un camino de democratización, apoyando las decisiones del presidente Adolfo Suárez y calmando la inquietud que generaba entre los militares los cambios que se estaban produciendo.

Adolfo Suárez, que había establecido una relación de confianza con el príncipe Juan Carlos durante su etapa de director de Televisión Española —suya fue la idea de que el príncipe debería ser conocido por los españoles a través de la pantalla—, estaba convencido de su tarea de desmontaje de la estructura jurídica y política de la dictadura, pero era consciente de que en ese trabajo estaría rodeado de cocodrilos hambrientos que intentarían devorarle. Así que concibió su proyecto inacabado, abierto, pero sin duda apostando por una tendencia democratizadora y dentro de un esquema, que repetían todos sus allegados políticos: «De la ley a la ley», es decir, que no tomarían decisiones, no abrirían puertas a la democracia que no estuviesen avaladas por la legalidad vigente, la legalidad franquista. Ello suponía un obstáculo que parecía insalvable, necesitaría el apoyo de los procuradores, todos ellos probados franquistas. Un aspecto bastante desconocido de aquella operación reformista es la campaña de convencimiento de los procuradores para que negaran aquello en lo que creían y les daba poder y privilegios. Reunieron a un equipo de fieles a Adolfo Suárez que se repartieron la tarea de entrevistar uno a uno a los quinientos procuradores. Tras cada conversación debían dejar por escrito en una ficha la transcripción de lo que hubiese alegado el entrevistado. Esas fichas se conservan y su conocimiento público ayudaría a entender lo que pasó a la historia como el «harakiri» de los procuradores en Cortes.

En la votación de la Ley de Reforma Política, 425 procuradores votaron afirmativamente, 59 lo hicieron en contra y se abstuvieron 13. Pero de que no tenían asegurado el resultado da prueba la imagen de Adolfo Suárez recostando la cabeza en el sillón y respirando profundamente, aliviado, cuando oye la proclamación del resultado.

La Ley de Reforma Política permitía unas elecciones, pero no representaba aún una democracia verdadera. Por ello la oposición democrática no la apoyó en el referéndum posterior, propugnó la abstención, pero «rezaba» para que fuese aprobada en la consulta.

La comisión de los nueve, formada por los grupos democráticos opuestos al franquismo, entabló unas conversaciones con el Gobierno de Adolfo Suárez que implementaron las reformas propuestas para garantizar unas elecciones libres, limpias y con participación de todos los partidos políticos.

Se completaba así un camino a la democracia que había sido posible por la presión del pueblo, la negociación de los dirigentes y la liberación de las normas que lo hacían imposible. Lo que se inició como un proyecto para cambiar algunas pautas del régimen hacia el reformismo terminó en una democracia que enterró un sistema caduco, ineficaz e injusto.

Pero hay otras versiones de la Transición, las de sus detractores; no son muy numerosos pero hacen mucho ruido y atraen la atención de los medios de comunicación. Según ellos la Transición fue una traición al pueblo perpetrada por los dirigentes de todos los partidos, incluyendo a los que durante cuarenta años habían luchado contra la dictadura. La Transición, según estos apóstoles del irredentismo, fue la rendición de la izquierda ante los fascistas de la dictadura. ¿En qué sostienen tan grave aseveración? En tres argumentos que les sirven para reescribir la historia. La derecha franquista necesitaba una amnistía de los actos de su pasado, lo que exigía un pacto de silencio sobre lo que pasó en la guerra y durante la dictadura, y la desmovilización del pueblo que, según los vituperadores de la Transición, estaba a un paso de terminar con la dictadura e implantar un régimen popular.

Son tan débiles sus argumentos que resulta difícil disipar la idea de que ellos son conscientes de la falsedad de su análisis, y desvela que se trata de una reescritura interesada de la historia.

La Ley de Amnistía de 1977 fue una iniciativa de la izquierda. Nadie sensato y decente puede obviar las miles de pancartas reivindicativas que los demócratas exhibían en todas las manifestaciones antifranquistas: «Libertad, amnistía y Estatuto de Autonomía». Para desmemoriados se puede añadir que la amnistía fue aprobada por casi unanimidad. No la apoyaron los diputados de Alianza Popular, el grupo de Fraga Iribarne, Silva Muñoz, Licinio de la Fuente, López Rodó, Antonio Carro, Gonzalo Fernández de la Mora y Gregorio López Bravo, conocidos como los Siete Magníficos del franquismo.

Régimen, el de Franco, no el del 78

En cuanto a la desmovilización del pueblo pretendidamente organizada por los partidos de izquierda, ya damos cuenta en otro lugar del aumento de la conflictividad precisamente en aquellos instantes en los que se luchaba por la inmediata recuperación de la democracia.

Del supuesto pacto de silencio se ha fabricado un mito, pero solo es una falsedad. Los historiadores han repetido que la ingente publicación de libros y artículos acerca de la Guerra Civil y la dictadura han convertido a este periodo de la historia de España en uno de los más estudiados, con excelentes resultados. Hoy contamos con un acervo impresionante, a pesar de que no siempre ha sido fácil para los historiadores consultar algunos archivos.

En resumen, que sostener que la Transición fue un modelo sin sombra alguna y que tuvo como exclusivos protagonistas a los que procedían de la dictadura es modificar seriamente los datos de la realidad. Reescribir la Transición como pretenden sus detractores, muchos de ellos no conocieron los hechos, es un fraude que amenaza la correcta conciencia de los ciudadanos sobre aquellos trascendentes acontecimientos. Sobre las mentiras y los errores aparece también una cierta malevolencia cuando denominan a los momentos constituyentes como «el régimen del 78», en una muestra muy poco ética de intentar identificarlo con el del general Franco.

Y, claro está, para denostar la Transición atacan su obra cumbre: la Constitución española de 1978. Cada vez se hace más necesaria una política de pedagogía histórica, tarea que corresponde a los historiadores especialmente, y a todos los que puedan suministrar datos de aquella realidad, a todos los que estén dispuestos a defender la reconciliación entre los españoles, que no se inició en 1978, pero que tuvo en aquel momento histórico uno de sus hitos más importantes.

Finalizada la Segunda Guerra Mundial, y a la vista de que los aliados no estaban dispuestos a volver los tanques, que habían liberado del fascismo a Italia y Francia, hacia el sur para deponer a Franco, los derrotados en la guerra española desde las cárceles, los campos de concentración o el exilio, comprendieron —tras los acuerdos con Estados Unidos, la firma del Concordato con el Vaticano y la aceptación del régimen en

Naciones Unidas— que la recuperación de la democracia habría de pasar por el entendimiento de los españoles de todas las posiciones. Ya en 1948 algunos dirigentes del PSOE habían alcanzado un acuerdo en San Juan de Luz con un grupo de monárquicos contrarios a la continuidad del régimen franquista. Incluso antes el dirigente socialista Indalecio Prieto había abogado por la reconciliación de todos los españoles. En 1956 el PCE hizo pública la declaración «Por la reconciliación nacional», propugnando una solución democrática y pacífica del problema español.

Los ejemplos citados, hay muchos otros, vienen a confirmar que, incluso en los momentos más duros de la represión franquista, los demócratas habían dado el paso de contribuir a la construcción de una España libre y democrática con un acuerdo de toda la sociedad.

La consumación de los esfuerzos para reanudar una vida en la normalidad democrática tuvo su apogeo en la redacción de la Constitución, donde todos marcan su huella, así que nadie pudiera reclamar el patrimonio exclusivo del texto. La votación final de la nueva Constitución arrojó un resultado sin precedentes históricos. El Congreso aprobó la Constitución de 1978 por el 92,8 por ciento de los diputados, en el Senado fue aprobada por 94,5 por ciento de los senadores. Y después fue avalada por casi el 90 por ciento de los españoles en referéndum. Nunca antes los representantes del pueblo español habían ofrecido un ejemplo semejante de acuerdo general o consenso, es incluso dudoso que pudiera repetirse en el futuro.

¿Cuál es el balance que podemos hacer hoy de la Transición?

El novelista José Manuel Caballero Bonald dice en su libro *La costumbre de vivir. La novela de la memoria*: «El final del franquismo supuso el despertar de una esperanza y la entrada en un futuro, incierto, pero distinto. Era, pensando en todo lo que había pasado, el final de una historia con culpables. Ese borrón y cuenta nueva de la Transición a muchos nos parecía injusto. Nos parecía que, de alguna forma, el franquismo debería haber sido juzgado. Y no lo fue. Yo, personalmente, me sentía muy poco satisfecho con ese proceso hacia la libertad y pensaba que todos los culpables estaban actuando en plena Transición».

Estas palabras me parecen acertadas, también estas otras, igualmente de Caballero Bonald: «Opino que en la Transición se omitió el pasado y se hizo que la historia de aquel tiempo fuera una historia sin culpables. Aunque quizá no había otra manera de hacerlo, yo no estoy de acuerdo. El franquismo exigía un juicio».

Había una clara conciencia de que si entonces se hubiese iniciado el proceso político al franquismo, la recuperación de la democracia habría de esperar unos años; y si consolidábamos la democracia el proceso al franquismo tendría que esperar unos años. Se optó por la democracia y al cabo del tiempo emergieron las preocupaciones por el análisis y la condena histórica del franquismo.

Cuando aparecieron las dudas sobre si era acertado el aplazamiento del juicio al franquismo para recuperar de inmediato la democracia para todos, se recurrió a los que más habían sufrido los efectos de la dictadura, el exilio, condenas de muerte, después conmutadas, los que estuvieron confinados en campos de concentración, los que padecieron largos años de cárcel. La respuesta era unánime: seguid adelante, buscad un acuerdo que acabe con la triste historia de una España enfrentada consigo misma. Los viejos socialistas y comunistas nos empujaban a mirar el futuro sin olvidar el pasado.

¿Cometimos un error con el consenso de la Transición? No lo creo. Pienso que la presión psicológica que ejercía en nosotros la Guerra Civil primó sobre una visión a plazo corto. Pensábamos más en nuestros nietos que en nosotros mismos. Que ellos no vivan nunca aquellas experiencias fue el móvil en el que se apoyó la paciencia y la generosidad de las víctimas de la dictadura.

Si pudiera participar de nuevo en el proceso de Transición política que vivió España, cambiaría muchas de las decisiones de entonces, pero si se repitieran las mismas circunstancias creo que haríamos algo muy parecido. Los españoles de mañana sabrán valorar mejor que nosotros lo que supuso la renuncia de parte de las ideas muy queridas en beneficio de la gran mayoría del pueblo español. Una gesta de la que sentirse orgullosos.

2

LA CONSTITUCIÓN, UN ACTA DE PAZ

El periodo de elaboración de la Constitución fue un tiempo de grandes cambios; algunos de estos cambios eran impensables pocos meses antes, como los que afectaban a los partidos políticos. El Partido Comunista se hizo monárquico; fue el que con mayor chacota había criticado al príncipe, después rey, pero se convirtió en su principal defensor, incluso se opuso al voto particular que presentó el PSOE en favor de la república y exhibió sin complejos la bandera nacional, de muy poco arraigo entonces. Hoy los comunistas de IU han vuelto a la vieja escuela y abominan de la labor de Santiago Carrillo en la Transición, y lo hacen a través de un dirigente que, ni soñando, puede aspirar a alcanzar la estatura política de Carrillo.

El Partido Socialista renunció a su condición de organización marxista; fue un cambio trascendente que tuvo una dura respuesta de los militantes. El partido entró en una crisis general, salió de su XVIII Congreso sin dirección, obligado a nombrar una comisión gestora provisional y hubo de recomponer su estructura mediante un congreso extraordinario.

Los partidos nacionalistas se esforzaron en dejar constancia de su lealtad a la nación, negándose a apoyar la propuesta que se debatió en el Congreso sobre el derecho a la autodeterminación. Hoy han traicionado aquella posición, que vista desde la realidad presente más parece que fuera una comedia inmoral.

La derecha española aceptó algunos hechos y conceptos que no podían imaginar cuando empezaba el proceso constituyente: divorcio, aborto, abolición de la pena de muerte y un largo etcétera.

Por estas razones resulta estrambótico que algunos ahora pretendan reducir la importancia de la Constitución arguyendo que, a fin de cuentas, se trata solo de una ley, como otras muchas leyes. No, no es una ley cualquiera.

Una Constitución es una ley, pero una ley que cumple unos requisitos extraordinarios que proceden de unos principios formulados por los pensadores Rousseau y Montesquieu. A Rousseau debemos el principio del pensamiento político democrático; a Montesquieu el principio liberal. Los textos que llamamos constitucionales aparecen en la historia a partir de las revoluciones americana y francesa del siglo XVIII. Serán textos que reunirán los tres principios que identifican a una Constitución: la prevalencia o supremacía de la ley constitucional sobre todas las leyes, de modo que resulte nulo todo precepto legal que sea contrario a lo que establece la Constitución; el principio democrático según el cual el titular de la soberanía es el pueblo, es el titular del poder constituyente; y el principio liberal que garantiza los derechos y deberes de la persona por medio de la declaración de derechos y la separación de poderes.

En el caso de la Constitución española de 1978, el texto normativo encierra otro criterio de gran valor político, histórico y social.

La Constitución de 1978 es un acta de paz, un armisticio; es el cierre definitivo de una guerra civil, de una larga dictadura y de dos siglos de enfrentamientos. Al considerarla desde esta perspectiva la Constitución de 1978 cobra una fuerza y un vigor democráticos que no han tenido las constituciones históricas anteriores.

Entre los historiadores constitucionales españoles es casi un tópico hablar de que el curso constitucional de la historia de España se caracteriza por tener un movimiento pendular. Ha habido constituciones muy reaccionarias, muy conservadoras y otras muy progresistas, a veces muy adelantadas a su tiempo. Es decir, que se ha movido la historia del constitucionalismo español de posiciones acusadamente progresistas a acusadamente conservadoras, no encontrando nunca esa sensibilidad intermedia que pudiera agrupar a las dos. Es verdad que ese tópico existe, ese movimiento pendular de las constituciones. Pero hay que matizarlo, porque si observamos la historia y comprobamos cuánto tiempo estuvo en el lado conservador y cuánto en el progresista, ya las cosas no son tan pendulares, no son tan igualitarias. Dominan claramente las posiciones conservadoras en la historia moderna de nuestro país.

El carácter compulsivo de la historia de España, con pronunciamientos, golpes, insurrecciones, asonadas, guerras civiles, puede encontrar, probablemente, una de sus más importantes causas en nuestra incapacidad histórica para dotarnos de una Constitución que por su origen, por su generalizada aceptación y por su entronque con la realidad social, responda a los problemas y a las inquietudes de la sociedad del momento. Por no conseguir, ni en su origen, ni en la aceptación generalizada, ni en el entronque con la realidad, comunicarse con los ciudadanos del momento, no han gozado de la estabilidad que todo sistema político exige para consolidarse.

La virtualidad de la Constitución de 1978 para romper ese círculo del movimiento pendular descansa tanto en su origen como en su contenido. Las constituciones frustradas anteriores se caracterizaron en cuanto a su origen por la unilateralidad, es decir, que no emanaban de un pacto social que reflejase, mediante transacción, la voluntad general, sino que emanaban de la voluntad de un sector del espectro político que la imponía a la totalidad de la nación. No eran, por lo tanto, constituciones de la nación española, sino constituciones de uno u otro sector, impuestas a la nación. Lógicamente, esas constituciones, en su contenido, eran tributarias de su origen y lejos de condensar la pluralidad de sensibilidades existentes, imponían en su totalidad las propuestas de quienes las habían propugnado. La imponían, por lo común, contra las sensibilidades ajenas, de manera que los proyectos políticos ajenos a los autores de una Constitución quedaban totalmente excluidos no del Gobierno, sino del marco constitucional. Haciendo todas las matizaciones necesarias, creo que en rigor no eran constituciones de todos los españoles, sino solo de algunos españoles y contra otros españoles. Sí hubo tres constituciones que lograron una cierta sensibilización general pero que no tuvieron futuro, no pudieron consolidarse: la de 1812, que el rey se niega a firmar; la de 1873, la federal, que cuando se va a aprobar se produce la legendaria entrada del general Pavía a caballo en las Cortes y, por fin, la de 1931, que es una Constitución moderna, progresista, bien elaborada, con conceptos muy avanzados para su época, pero que, como todos sabemos, al cabo de cinco años termina con una sublevación militar, una guerra cruel de tres años y una dictadura de casi cuatro décadas.

Por tanto, observando toda la historia constitucional española, la Constitución de 1978 significa que por primera vez se cuenta con un proyecto de organización política, social y democrática, un acuerdo nacional; y esta Constitución lleva en vigor cuarenta años.

Como se ha dicho, la Constitución vigente no es la de un partido contra otro. La madurez de nuestro texto constitucional proviene de su origen y de su contenido, que son radicalmente opuestos a los que hemos tenido como antecesores; y ha sabido soportar durante cuarenta años embates que han sido muy fuertes. Por una parte, del involucionismo nostálgico, con varios intentos de golpes de Estado, uno en 1981 y otro en 1982, y ha sabido soportar, también, los embates del terrorismo. En estos momentos está sometida a un nuevo acoso, ahora del nacionalismo.

Es oportuno recordar aquí cómo se elaboró nuestra Constitución, cómo fue el proceso de elaboración, cuáles fueron los problemas previos que entonces centraron gran parte de la discusión política y jurídica.

En el año 1977 se celebran unas elecciones democráticas en España después de cuarenta años de una dictadura que no permitía la participación de los ciudadanos, que impedía la elección política. Esas elecciones del setenta y siete suponen el final de una etapa, de un complejo proceso de transformación a la democracia vivida por la sociedad española con intensidad. Asimismo, esas elecciones legislativas de 1977 constituyeron un punto de no retorno; a partir de ese punto ya se podía contar con un instrumento, esencial en cualquier sistema democrático, el Parlamento. Se establece un sistema democrático, que supone, por fin, un cambio importante con el régimen anterior, aunque mi impresión es que la ruptura con el régimen anterior no se produce exactamente en las elecciones de 1977. Esas elecciones no se convocan para formar una Cámara constituyente, es decir, no se convocan para que el Congreso y el Senado elaboren una Constitución, se convocan para elegir a diputados y senadores. El momento importante de ruptura con el régimen anterior es cuando esas Cortes, que no han sido convocadas como constituyentes, deciden de una manera soberana, porque la soberanía radica en ellas, que van a elaborar una Constitución. El proceso no fue fácil, hoy se ve con cierta sencillez, pero no fue fácil.

Hubo que mantener luchas interminables acerca de la mayoría de edad, el divorcio, el aborto, la pena de muerte, la laicidad del Estado, la descentralización del Estado, la educación, el sistema proporcional electoral, etc.

Una vez realizadas las elecciones, el Gobierno de UCD, que logra la mayoría, no es partidario de hacer una Constitución, argumentando que, si logró hacer la Ley de Reforma Política, se deberían seguir modificando las leyes del régimen anterior, democratizándolas. La Cámara dice no; debe haber una Constitución de nueva planta, y el Gobierno de UCD hace una propuesta para que una comisión de expertos, ajenos todos a las Cámaras, es decir no elegidos, elaboren un proyecto de Constitución que luego voten el Congreso y el Senado. También aquí hay una oposición muy fuerte, sobre todo del PSOE y se llega a la conclusión final de que no hay más solución que elaborar una Constitución, elaborarla como debe hacerse, por las Cámaras, de forma democrática. Se nombra una ponencia compuesta por siete representantes, tres de UCD, dos del PSOE, uno del PCE y uno de AP. Con objeto de vincular, por primera vez, a los movimientos nacionalistas con un proyecto común constitucional, el PSOE renuncia a uno de sus puestos para que lo ocupe uno de los nacionalistas, en este caso Miguel Roca, quien representaba también, en un principio, al nacionalismo vasco.

El método que se eligió, la atribución a una ponencia constitucional surgida del Parlamento, no ajena al mismo, para que redactase el borrador, descartando soluciones técnicas, representa el primer momento verdaderamente importante de ruptura con el régimen anterior.

Debíamos tener un especial cuidado en no elaborar una Constitución que fuera votada solo por la mitad de la Cámara, es decir, por la mitad de España, y que no aceptara la otra mitad. Porque esta, cuando tuviera posibilidades de ganar —si hubiéramos seguido la historia, en el ochenta y dos—, se vería obligada a abolirla y hacer otra, es decir, lo que había ocurrido durante la historia moderna de nuestro país.

El consenso en cuanto a método se resolvió de la manera siguiente: el 5 de mayo de 1978 comienzan los debates en comisión. Se aprueban los primeros artículos por lo que llamamos entonces la mayoría mecánica (la suma de UCD y AP). Los veinticinco primeros artículos fueron aprobados por los votos conservadores de la Cámara y el rechazo del resto de los diputados, por una diferencia en todas las votaciones de dos votos.

Comprendimos que se reproduciría la historia constitucional española: una Constitución para media España

Una llamada de alerta a Fernando Abril Martorell

Por entender que eso sería un drama, el día 17 hice una llamada al que era entonces vicepresidente del Gobierno, Fernando Abril Martorell. Le expliqué los temores que tenía, cómo íbamos a repetir otra vez lo mismo, que cuando ganáramos las elecciones nos veríamos obligados a hacer otra Constitución, etc. Encontré una gran receptividad a mis planteamientos en Abril Martorell. Quedamos en reunirnos el día 23 de mayo para cenar. En esa cena llegamos a la conclusión de que era absolutamente necesario intentar una Constitución de acuerdo, por consenso, por los dos partidos más importantes, UCD y PSOE, y a ser posible uniendo también a los otros partidos que había en la Cámara. Después corrieron ríos de tinta diciendo que la Constitución española se había hecho cenando; nada más falso, porque no solo no se hizo todo cenando, sino que no volvimos a cenar juntos ni separados.

Esta es la historia. El día 23 de mayo empezamos a intentar ponernos de acuerdo, llamamos al resto de los partidos, todos aceptaron, menos AP de Fraga Iribarne. Teníamos una solución muy complicada. El presidente de la comisión, Emilio Attard, convocaba a la comisión a las nueve de la mañana y esta terminaba sus sesiones a las ocho o las nueve de la noche. Para ponernos de acuerdo en aquello en lo que no lo lográbamos durante la comisión, solo teníamos la noche. Nos reuníamos todas las noches hasta la mañana, durante meses, sin cena y sin nada; las reuniones se celebraban en despachos que cada uno ponía a disposición de los demás.

En otros países, cuando se redacta una Constitución nueva, hay una anterior que permite modificarla o actualizarla, pero en esta ocasión no había texto en el que basarse. Empezamos a trabajar con el riesgo de que aquello fuera una reunión de profesores que pudieran pasarse toda la vida, muy gustosamente distraídos, elaborando un texto. Esa es la razón de que tuviéramos que entrar en las discusiones personas que no pertenecíamos a la ponencia, pues parecía que se eternizaba el debate. La comisión discutió problemas seculares españoles, problemas que durante siglos estaban sin resolver.

Hay una extensísima bibliografía sobre el proceso constituyente español del año 1978. La mayoría de los autores han fijado como elemento central de la elaboración de la Constitución lo que se resume en una palabra, que en aquel entonces estuvo muy de moda: *consenso*. Todos los historiadores afirman, sin ninguna duda, que esta palabra, consenso, es la que refleja con más fidelidad el espíritu que animaba a las fuerzas políticas democráticas que elaboraban la Constitución de 1978. El contenido material del propio consenso lo constituyen las transacciones, es decir, las renuncias que todos tienen que hacer, para que todos puedan estar satisfechos, aunque ninguno lo esté totalmente. Fruto de esas transacciones, por primera vez en la historia, al contrario de todo lo que había ocurrido anteriormente, nos dotamos de una norma que no es obra de un partido o de un sector ideológico, sino que es el resultado del consenso general arrojado por todas las fuerzas políticas. Se han ensayado muchas definiciones del consenso. La más ajustada es la de que el consenso es el catálogo de las renuncias que todos han de hacer para alcanzar un acuerdo general. Los nuevos populismos que han «asaltado» la política española califican aquellas renuncias como un acto del que avergonzarse. Precisamente es el sentimiento contrario el que deben tener los hombres y las mujeres que tuvieron la valentía y la nobleza de espíritu de renunciar a parte de sus exigencias, si todos hacían el mismo ejercicio de generosidad, para conseguir que por primera vez en la historia de nuestro país pudiera el pueblo contar con una norma respetada por todos.

El resultado final fue un hecho sin precedentes en la historia, la aceptación de la Constitución aprobada por prácticamente todos los representantes políticos en el Congreso y en el Senado (de 350, solo hubo 6 diputados que votaron en contra del proyecto). Fue aprobada por más del 92 por ciento de los diputados del Congreso, y por más del 94 por ciento de los senadores. Luego se ratificó en referéndum por casi el 90 por ciento, más del 87 por ciento, de los españoles. Un dato relevante es que en Cataluña la Constitución contó con un apoyo particularmente alto, cuatro puntos porcentuales más que la media de España. Ello da idea de la política de adoctrinamiento que se ha practicado durante los últimos cuarenta años en Cataluña y de la dejación de responsabilidad de Gobiernos y partidos de ámbito nacional. Es verdad que quizás la Constitución no satisfacía plenamente a ninguno de los participantes, pero permitía que todos los partidos encontraran un elemento común que les posibilitara gobernar, vivir en democracia, superar problemas graves, al menos durante muchos años; ya veremos ahora cómo se resuelven algunos graves problemas que aparecen de nuevo.

Había una serie de problemas que casi al final del siglo XX todavía no estaban resueltos. Al menos, cuatro eran fundamentales en España, cuatro grandes problemas cuya falta de resolución había provocado el fracaso de las anteriores experiencias democráticas.

Un instrumento para resolver problemas

En la política española, en los dos siglos anteriores, lo habitual era el enfrentamiento entre los grupos políticos partidarios, la persecución de los actores políticos, de manera que se hacían habituales tanto las cesantías en la Administración como el encarcelamiento de los antecesores. Otro gran problema que no se había resuelto era la contraposición entre un Estado muy centralista, uno de los más centralistas junto al francés, y la necesidad de reconocer una pluralidad, dentro de España. El tercero era la forma de gobierno, la tensión permanente entre monarquía y república. Y, por fin, la cuestión religiosa, ese pertinaz enfrentamiento entre Estado confesional y Estado laico.

Respecto del primer problema, en 1977 y, sobre todo, en 1978, con la Constitución se renuncia a la persecución de los adversarios. Se renunció a exigir responsabilidades políticas, penales, personales, a los que provenían del régimen anterior. Por primera vez, los españoles, sin olvidar lo que pasó, optaron por no perseguir a los anteriores responsables políticos. Este ejemplo de convivencia hacia el futuro, no tanto del presente pero sí para el futuro, para que sus hijos, sus nietos no tuvieran que vivir las experiencias que ellos habían vivido, fue un gran acto de generosidad por parte de los vencidos en la guerra y perseguidos durante la dictadura.

El problema de las nacionalidades, de la realidad centralista o plural, ha encontrado una solución inciertamente satisfactoria. En España, como nación, el reconocimiento del derecho al autogobierno de las nacionalidades y de las regiones españolas queda muy patente en la Constitución. Nadie puede refutar la funcionalidad de su título VIII, la funcionalidad para hacer de un Estado fuertemente centralista otro que atribuye a las comunidades autónomas las mismas competencias que muchos Estados federales del mundo y, en muchos casos, más competencias. España es el tercer país más descentralizado del mundo.

Hoy, como bien sabemos, el nacionalismo ha arremetido contra la Constitución, con unas consecuencias difíciles de evaluar, pero seguro que muy negativas para los catalanes y para todos los españoles.

Otro de los problemas era la opción republicana. El Gobierno legítimo contra el que se subleva una parte del Ejército en 1936 era un Gobierno republicano. Tras la guerra, el país sufre una durísima dictadura y en 1977 recupera la democracia. ¿Qué régimen, qué sistema de gobierno debíamos adoptar, monarquía o república?

Los socialistas plantearon un voto particular en defensa de la república e hicieron que se votara, y no fueron comprendidos por nadie. Querían plantear el tema de la república porque si no se vota la opción monarquía-república, como se hizo en el Congreso de los Diputados, la monarquía sería la designada por el dictador. Al haber votado el órgano que tiene la soberanía popular, la monarquía adquiría legitimidad y no dependíamos de una decisión de un régimen antidemocrático, dictatorial. Creo que la definición que hace la Constitución de la monarquía parlamentaria como forma de gobierno, residiendo en el pueblo la soberanía y, por tanto, asumiendo solo poderes arbitrales y moderadores, superó la tensión de dos siglos entre monárquicos y republicanos. El desarrollo posterior del papel del monarca Juan Carlos I avaló nuestra posición, lo que verdaderamente importa es el limpio juego democrático que debe respetar quien ostente la jefatura del Estado, sea a título de rey o de presidente de la república. La más evidente ocasión del positivo rol del rey se pudo comprobar cuando se opuso a un golpe de Estado el 23 de febrero de 1981, de lo que se habla en otro lugar del libro.

Y, por fin, la cuestión religiosa. Este fue uno de los puntos de fricción más importantes, que incluso provocó el abandono socialista de la ponencia por la discusión del artículo sobre la educación, porque la prevalencia, el predominio, el privilegio que quería la derecha española de la educación religiosa sobre la educación laica no se podía soportar. Al final encontramos una fórmula que permitiera la libertad ideológica, la libertad religiosa y la libertad de no hacer práctica religiosa.

Estamos, otra vez, ante una nueva encrucijada en España y ojalá que no suponga un paso atrás, una vuelta a la historia pasada.

La descalificación de la Transición política que, como ya hemos visto, algunos llaman peyorativamente «régimen del 78», no es más que un claro ejemplo de culpar a otros de los males propios. Cuando una generación ve cómo las cosas se tuercen, intenta derivar su responsabilidad a los anteriores gestores. En el caso que nos ocupa tras siglos de decadencia y enfrentamientos internos se logra, en 1978, un acuerdo general alrededor de un texto constitucional que ha proporcionado a España la mejor etapa de su historia.

El viejo nihilismo que vuelve

En los últimos años, a raíz de la grave crisis económica, los españoles han visto cómo se retrocedía en derechos y libertades, el creciente paro, los salarios a la baja y los intentos de fragmentación de la nación, y los actores políticos de hoy no encuentran mejor explicación, que les exonere de responsabilidad, que desviar las culpas argumentando que no es ahora sino entonces, en 1978, cuando las cosas se hicieron mal y cargan sus ataques contra la Transición política. Una prueba de irresponsabilidad. Tal vez también un deseo, una vez más en nuestra historia, de dinamitar un periodo de convivencia y libertad. El viejo nihilismo, vestido con ropaje moderno, ha vuelto.

Creo que la clase dirigente es, a veces, más propensa a crear problemas que a resolverlos. Quizás ahora vivimos un caso paradigmático, cómo un grupo de dirigentes políticos crean un problema donde no lo hay. Los políticos que están para resolver las dificultades, a veces necesitan crearlas, estimularlas, porque quieren asegurar su existencia, sus puestos de responsabilidad y si alguna cosa les va mal, se inventan algún problema sobre el que los demás hagan rueda y se olviden de los asuntos verdaderamente importantes.

Creo que la reflexión debe ser que hoy adquiere más valor que nunca aquel consenso de 1978, y la necesidad de recuperar ese espíritu consensual para cualquier enfoque modificador de la Constitución.

Aquel concepto de sentimiento constitucional de von Humboldt es aún superado por Konrad Hesse, quien ha acuñado otro aún más intenso, el de «voluntad constitucional», para aludir a la firme, decidida y constante voluntad, de todos los implicados, de desarrollar el contenido de la Constitución. Cualquier observador imparcial puede comprobar que, en muy poco tiempo, la Constitución de 1978 ha enraizado en los españoles un hondo sentimiento constitucional y una decidida voluntad constitucional.

La Constitución española de 1978 es una buena Constitución. Es democrática, moderna, avanzada y solidaria. Declara que España se constituye en un Estado social y democrático de derecho, se fundamenta en la indisoluble unidad de la nación, garantiza la autonomía de nacionalidades y regiones; protege a los españoles con una tabla detallada y amplia de derechos y libertades y garantiza a todas las personas el derecho a obtener la tutela efectiva de los jueces y tribunales; certifica que todos los españoles son iguales ante la ley y rechaza cualquier discriminación por razón de nacimiento, raza, sexo, religión, opinión o cualquiera otra circunstancia personal o social; hace responsable a los poderes públicos de promover las condiciones para que la libertad y la igualdad del individuo sean reales y efectivas; y encarga a los poderes públicos remover los obstáculos que impiden o dificulten su plenitud (de la libertad y la igualdad); reconoce el derecho a la negociación colectiva entre trabajadores y empresarios, y el derecho a las medidas de conflicto colectivo, como la huelga; reconoce la libertad de empresa, y también que los poderes públicos garanticen y protejan su ejercicio, incluso con la planificación económica (artículos 38 y 131), un avanzado principio que recogen pocas constituciones.

Los conceptos enunciados aquí, y otros muchos que se podría citar, hacen de la Constitución vigente un texto de gran calidad. Sin embargo, algunos cambios podrían ser convenientes; en ningún caso una revisión total, ni un nuevo proceso constituyente, absolutamente innecesario y que no cuenta con los apoyos necesarios en la actual composición de las Cámaras. En resumen, reforma de la Constitución, no; reformas en la Constitución, sí. Permitiría actualizar algunos preceptos superados por el paso del tiempo y corregir algunos errores iniciales.

3

REFORMAS EN LA CONSTITUCIÓN

Ahora, cuando se cumplen cuarenta años de vigencia de la Constitución, son muchos los que, desde la política, la prensa y la academia, opinan que es momento para la reforma del texto constitucional. Todas las constituciones son reformables, también la española de 1978. Su título X, «De la reforma constitucional», establece el procedimiento de reforma según los artículos 166 a 169. Nada, pues, que objetar a la propuesta de reforma. En todo caso, la realidad política actual no hace pensar con optimismo en una reforma que contase con un consenso semejante al que la Constitución tuvo en 1978. Esta circunstancia me hace pensar que más que hablar de reforma *de* la Constitución, se debería hablar de reformas *en* la Constitución. Es decir, que debería explorarse en qué asuntos concretos podría lograrse el acuerdo y proceder a su modificación, orillando los planteamientos generales para cuyo cambio no se cuenta con los apoyos que exige el título X.

Aquellos que establecen como requisito imprescindible para cualquier modificación de la Constitución lograr el consenso que tuvo su aprobación en 1978 son conscientes de que estamos en otra situación, que el grupo Unidos Podemos pretende una norma basada en su ideología populista y que los nacionalistas buscan la secesión, es decir, que estos grupos no están interesados en reformar la Constitución, sino en aniquilarla. Ello obliga a considerar como consenso posible y suficiente el de aquellos que quieren mejorar la Constitución, no destruirla: PP, PSOE y Ciudadanos.

Nuestra Constitución es un buen texto jurídico y cuenta con un mejor acuerdo político. Por eso no sería necesaria una reforma completa, porque como dice el catedrático de derecho constitucional Javier García Fernández, «al que llaman "régimen del 78" le queda aún mucha vida y sobre todo sigue descansando en un consenso sólido».

Ante la posibilidad de la reforma se mantienen dos posiciones dogmáticas. Unos sostienen que nada debe modificarse ante el temor de que se pierda el control de los cambios. Lo expresan con menosprecio de la Constitución, «es mejor no abrir el melón», que por tratarse de una planta herbácea rastrera no parece la comparación más adecuada. Otros pretenden que los cambios del texto constitucional son urgentes para resolver todos los problemas que tiene el país, pero la raíz de esos problemas está en las políticas que se ejecutan, no en la Constitución.

¿Hay razones para la reforma? Sí, más allá de las razones peregrinas que esgrimen algunos, como que los jóvenes no la votaron (¿qué hacer con la Constitución de los Estados Unidos de América, donde no queda vivo ni un solo ciudadano que la votara?); o aquellos otros que argumentan que tras cuarenta años las leyes envejecen, pero sostienen que están totalmente en vigor leyes de ámbito regional de 1423 (Compilación de Constituciones catalanas) o incluso 1261 (Fueros de los Reinos de Valencia) porque les son útiles para las reivindicaciones del presente.

Existen, sin embargo, muchos asuntos que podrían justificar la reforma. Parlamentariamente solo han sido tratados cuatro temas que fueron planteados en la sesión de investidura de 2004 por el candidato Rodríguez Zapatero:

- *La mención de la pertenencia de España a la Unión Europea.*
  Cuando se aprobó la Constitución aún no había ingresado España en la Comunidad Económica Europea. Esta reforma no es imprescindible, pues está implícito en el artículo 93 de la Constitución española.

- *La eliminación de la discriminación por razón del sexo en la sucesión de la Corona (artículo 57).*
  La modificación pretende adaptar el texto al principio de no discriminación por razón de se-

xo que con carácter general consagra la Constitución española en su artículo 14.

En el artículo 57 se establece que «La sucesión en el trono seguirá el orden regular de primogenitura y representación, siendo preferida siempre la línea anterior a las posteriores; en la misma línea, el grado más próximo al más remoto; en el mismo grado, el varón a la mujer. Y en el mismo sexo, la persona de más edad a la de menos».

La positiva voluntad de eliminar esa discriminación por razón del sexo debería completarse con la corrección de otra discriminación, en este caso contra el varón. Efectivamente, existe otra disposición atentatoria contra la igualdad de sexos en el ámbito regulador de la Corona, aunque esta discriminación no se beneficia de la atención de políticos, periodistas o académicos. En el artículo 58 se establece que «La reina consorte o el consorte de la reina no podrán asumir funciones constitucionales, salvo lo dispuesto para la regencia». La Constitución se refiere a la reina consorte, pero no al rey consorte, sino al consorte de la reina.

- *La constitucionalización de las comunidades autónomas.*

La razón que se esgrime se fundamenta en que cuando en 1978 se elabora la Constitución las comunidades autónomas aún no están constituidas, por lo que el texto establece, mediante un principio dispositivo, los requisitos y los mecanismos para la formación de las comunidades autónomas. Más de un cuarto de siglo después, el Estado de las autonomías está consolidado con diecisiete comunidades y dos ciudades autónomas. Sería, pues, acertada la reforma para constitucionalizar el Estado autonómico, aunque no imprescindible.

- *La reforma del Senado para que cumpla la misión que le atribuye la Constitución española, la de ser la Cámara de representación territorial.*
  Casi todos los Estados federales estructuran su poder legislativo con una doble Cámara que pretende una doble representación: del pueblo, por una parte; de los territorios, por otra. Pero en la práctica no funciona así, son los partidos políticos los que establecen las posiciones y determinan las leyes.

  En cuanto al Senado español resulta una cámara redundante u obstaculizadora, pues cuando la voluntad del Senado coincide con la del Congreso, el Senado resulta inútil; cuando la voluntad es distinta, el Senado resulta disfuncional y la posterior intervención del Congreso lo hace irrelevante.

Considerada así la justificación del bicameralismo se impone la reflexión del teórico constitucionalista del siglo XVIII Emmanuel-Joseph Sieyès, según la cual no tiene demasiado sentido mantener dos Cámaras, ya que, si las dos están de acuerdo, una de ellas es inútil, y si no lo están, una de ellas no representa la voluntad general.

En el caso español estas consideraciones quedan debilitadas por el noble afán de creer que si el Senado cumpliera con su función de Cámara de representación territorial, muchos de los problemas derivados del reparto territorial del poder podrían resolverse, aunque otros duden de que la voluntad de la Cámara se formase por los territorios, y no por los partidos políticos.

Hasta aquí los cuatro asuntos que fueron examinados en sede parlamentaria, sin que se llegase a aprobación de ninguna de las reformas propuestas.

Posibles cambios en la ley de leyes

En el ámbito de la política y de la academia existen otros muchos asuntos que atraen la atención reformadora de unos y otros. Me limitaré en este trámite a mencionar los temas que podrían merecer una modificación, bien para su actualización, bien porque hoy aparezca como errónea la fórmula utilizada en la elaboración de la Constitución. En programas electorales, artículos de prensa y declaraciones públicas los partidos políticos han señalado los temas susceptibles de reforma:

- *La abolición total de la pena de muerte.*
  La Constitución mantiene la posibilidad de que exista según «lo que puedan disponer las leyes penales militares para tiempos de guerra» (art. 15).

- *La eliminación de la contradicción interna del artículo 16.*
  Tras proclamar que «ninguna confesión tendrá carácter estatal», establece que los poderes públicos «mantendrán las consiguientes relaciones de cooperación con la Iglesia católica y las demás confesiones». Una interpretación abusiva de esta especial y específica mención a la Iglesia católica ha impedido la aplicación del principio de autofinanciación de la Iglesia, que esta había aceptado ante el Estado hace más de veinticinco años.

- *La solución a la extralimitación con la que se ha aplicado el precepto del artículo 27.3.*
  Lo que expone el artículo es que «Los poderes públicos garantizan el derecho que asiste a los padres para que sus hijos reciban la formación religiosa y moral que esté de acuerdo con sus propias convicciones». Nada dice el texto sobre

que la enseñanza de la religión se imparta en las escuelas o en las iglesias, que sea una asignatura evaluable en el currículo escolar, que el pago de los profesores corra a cargo del Estado, ni que la contratación y despido de los profesores corresponda a los obispos. Estos excesos derivan del acuerdo con la Santa Sede de 1979 que, obviamente, habría que denunciar. Para evitar futuros abusos sería muy conveniente una clarificación en el texto constitucional.

- *La sustitución del término «disminuidos» (art. 49).*
Los usos de la lengua cambian a tenor de la más completa y objetiva noción que se tiene de la realidad y una sensibilidad creciente. Este es un caso claro de la necesaria adaptación del lenguaje a la realidad. La terminología más aceptada por los que dedican sus esfuerzos al reconocimiento de las personas con mayor dificultad para su progreso en la sociedad es la de «personas con diferentes discapacidades».

- *La reforma del sistema electoral.*
Los elementos del sistema electoral que están constitucionalizados son: el número de diputados, entre 300 y 400; la circunscripción electoral, la provincia; un mínimo de diputados por provincia; y la representación proporcional (art. 68).

La trascendencia de esta posible reforma aconseja tratar el tema *in extenso* en un capítulo propio.

- *La supresión de la inmunidad de diputados y senadores.*
  La inmunidad supone la exigencia de la autorización de la Cámara para ser inculpados y procesados (art. 71.2). Esta es una conquista histórica contra los abusos del poder para eliminar a los políticos disidentes que no debería abolirse, pero los tiempos hacen pensar que su supresión está próxima.

- *La supresión del aforamiento.*
  El aforamiento designa a la sala de lo penal del Tribunal Supremo como competente en las causas contra miembros del Gobierno, diputados y senadores (art. 71.3). El problema se ha agravado por la extensión que se ha hecho de esta prerrogativa mediante la Ley del Poder Judicial que incluye a otras autoridades, y por la ampliación a los parlamentarios de las comunidades autónomas. Sería recomendable que a la hora de proceder a un cambio en esta materia se atendiera a la distinción entre lista de aforados e institución del aforamiento, que comparten otras democracias europeas. Es de prever que la actual dinámica de la política española no mantenga ni la una ni la otra.

- *La reducción de la exigencia, quinientas mil firmas, para la iniciativa popular para la presentación de proposiciones de ley (art. 87.3).*
  Sería una reclamación atendible, si bien las nuevas tecnologías hacen hoy más fácil la colecta de apoyos.

- *La consideración de los derechos sociales (sanidad, vivienda, servicios sociales) como derechos fundamentales.*
  Ello significaría desplazar los derechos sociales desde el capítulo tercero («De los principios rectores de la política social y económica») al título primero («De los derechos y deberes fundamentales»). Afectaría a los artículos 41, 43, 47 y 50.

  En los últimos años se ha extendido la demanda entre partidos políticos, académicos y politólogos de considerar a los derechos sociales (educación, salud, seguridad social, vivienda y servicios sociales) como derechos fundamentales. La educación ya goza de tal consideración al estar situada en la sección primera del capítulo segundo («De los derechos fundamentales y de las libertades públicas»). No ocurre lo mismo con los otros derechos sociales que, al estar incluidos en el capítulo tercero («De los principios rectores de la política social y económica»), no tienen acceso a la exigencia de su disfrute ante los tribunales de justicia.

La aparición en la historia del Estado constitucional democrático y social supone la superación del Estado liberal en cuanto hace depender la eficacia de los derechos fundamentales no de la voluntad de los poderes constituidos sino que reside en la soberanía popular expresada en el texto constitucional, como bien ha expuesto el profesor Javier Ruipérez Alamillo.

Es menester ser consciente de la dificultad, de índole económica, que puede suponer una decisión tan importante para la población —es quizás la más poderosa reforma posible en la búsqueda de la justicia social—, pero tampoco es posible olvidar que, al socaire de las crisis económicas, los Gobiernos han convertido a los derechos sociales amparados por la Constitución en derechos de *quita y pon*, en lenguaje popular.

El reconocimiento de los derechos sociales cuenta con una fecha histórica en la Declaración Universal de los Derechos Humanos aprobada por Naciones Unidas en 1948 y que dice: «Toda persona tiene derecho a la seguridad social (art. 22), al trabajo (art. 23), a un nivel de vida adecuado que le asegure, así como a su familia, la salud y el bienestar, y en especial la alimentación, el vestido, la vivienda, la asistencia médica y los servicios sociales (art. 25.1), a la educación (art. 26)…».

Actualmente la declaración está ratificada por ciento cuarenta países, pero la gran mayoría no ha dado el paso de considerar los derechos sociales como derechos fundamentales.

El Tratado de Reforma de la Unión Europea de Lisboa 2009 sí incorporó la carta de los derechos sociales fundamentales, de obligado cumplimiento de los países miembros de la UE.

La consideración que se hace en el tratado de los derechos sociales como derechos fundamentales crea las bases para que los países asuman en sus constituciones la carta de los derechos fundamentales de la Unión incorporada al Tratado de Lisboa 2009.

- *La reconsideración de la reforma del artículo 135 de agosto de 2011 sobre estabilidad presupuestaria.*
  En el momento más difícil de la crisis económica en España y bajo presión de los socios de la Unión Europea se procedió a una reforma rápida del artículo 135 para calmar los deseos de intervención en la gestión económica de algunos países europeos, de la que hoy son muchos los que la rechazan.

- *La inclusión de una cláusula de intangibilidad de la integridad del territorio.*
  Esta es una Constitución abierta, tanto que no hace reserva de ningún precepto para la reforma.

Generalmente las constituciones reservan algunas disposiciones sobre las que no es posible la modificación del texto constitucional. Así se establece en las constituciones de Francia, Alemania o Italia. En el caso de Francia («Ningún procedimiento de revisión puede ser iniciado o llevado adelante cuando se refiera a la integridad del territorio»); en el de Alemania («Una modificación que afecte a la organización en *länders* de la federación o a los artículos 1 a 20 es inadmisible»). Por ello resulta más incomprensible la actitud de los jueces alemanes que han objetado dificultades para atender a la extradición de un representante político que ha propiciado la ruptura del Estado que establece la Constitución. Hay que esperar que no sea una reproducción del abandono de Europa a la democracia española como en 1936, cuando con un Pacto de No Intervención se amparó a los que querían la destrucción de la democracia española. Europa se negó a sí misma, se traicionó a sí misma con aquella decisión. Volvería a hacerlo cuando en 1938, en Múnich, se plegó a la ambición expansionista de Hitler, confiando en que una política de apaciguamiento liberaría a Europa de la presión invasora del nazismo.

Nuestra Constitución necesita de una cláusula de intangibilidad, al menos en lo referente a su integridad territorial. Los recientes acontecimientos en Cataluña la convierten no solo en necesaria, también en urgente.

- *El cierre del proceso constituyente.*
La aplicación del párrafo segundo del artículo 150 trae como consecuencia la modificación del reparto competencial entre Estado y comunidades autónomas sin atender al procedimiento de reforma constitucional que establece el título X. El precepto permite que el Estado transfiera o delegue en las comunidades autónomas facultades correspondientes a materia de titularidad estatal, haciendo caso omiso de lo que establecen los artículos que fijan los procedimientos para el cambio de competencias, que exigen la modificación del texto constitucional.

La supresión del párrafo segundo del artículo 150 es una exigencia de la necesaria estabilidad para el futuro de la Constitución, pues el citado precepto deja el proceso constituyente permanentemente abierto.

- *La modificación del artículo 97, en cuanto a la desadjetivación de la Administración.*
Se establece que «El Gobierno dirige la política interior y exterior, la Administración civil y militar y la defensa del Estado». En el momento de

la redacción de la Constitución española podría ser conveniente dejar constancia de que el aparato orgánico militar está dirigido por el Gobierno. Hoy es innecesario, pues solo hay una Administración del Estado.

- *La modificación del artículo 99 para evitar la paralización de la Cámara cuando no se presenten candidatos para la investidura.*
  Podría añadirse al plazo de dos meses desde la primera votación para convocar elecciones, un plazo de tres meses a contar desde la celebración de las elecciones anteriores. Para eludir la continua apelación a la repetición de elecciones a causa de que ningún candidato obtenga más votos favorables que contrarios, se podría cambiar el sistema, permitiendo que se puedan presentar más de un candidato y sea investido el que obtenga más votos.

- *La derogación de las ocho disposiciones transitorias.*
  Todas ellas cumplidas, excepto la cuarta que abrió la posibilidad de incorporación de Navarra al régimen autonómico vasco. Han pasado ya cuarenta años sin que se haya propuesto ese cambio institucional de Navarra y vista la evolución de las posiciones en estos años tal planteamiento produciría una división de la sociedad navarra que podría suponer graves consecuencias.

Como puede comprobarse hay materias que podrían justificar una serie de reformas en la Constitución, pero no seamos ingenuos, la tensión reformadora está centrada en el reparto del poder territorial, en los cambios que se pretenden en el título VIII de la Constitución.

De hecho, ya hemos asistido a varios intentos de reforma de la Constitución sin ajustarse al procedimiento de reforma que establece la misma, a través de las disposiciones de las comunidades autónomas. Se pueden enumerar esos intentos:

- La operación de «blindaje» de las competencias propias a fin de impedir las leyes de bases del Estado que armonicen la legislación autonómica como establece el artículo 150.3.
- El sistema de mandato legislativo desde una comunidad autónoma al Estado (modificación de leyes orgánicas por la simple enunciación en un Estatuto de Autonomía).
- La violación del mecanismo constitucional de delegación o transferencia de competencias (art. 150.2) por la simple enunciación en un Estatuto.
- La fragmentación de la soberanía nacional mediante la reducción del cuerpo constituyente para la toma de decisiones que competen al conjunto de ciudadanos de la nación. Así fue en la propuesta del Parlamento Vasco conocida como

Plan Ibarretxe que pretendía declarar al País Vasco Estado Libre Asociado. Fue rechazada por el Congreso de los diputados en febrero de 2005. Ahora han anunciado que pretenden una «consulta que tendrá carácter declarativo y habilitante esencial, antes del procedimiento de debate del Estatuto en las Cortes». Lo que pretenden es evitar el recurso ante el Tribunal Constitucional argumentando que un Estatuto que ya haya tenido el refrendo popular no puede ser modificado por el Tribunal Constitucional, una imitación del proceso catalán. Más reciente está la declaración unilateral de independencia de Cataluña proclamada por el Parlament en 2017 y que dio lugar a la aplicación del artículo 155 de la Constitución, recibida airadamente por los nacionalistas, *olvidando que el artículo 155 fue aprobado por unanimidad, incluidos, por lo tanto, los nacionalistas.* Una prueba más del oportunismo con el que actúan en política. Ni unos ni otros acatan la sentencia del tribunal 103/2008, de 11 de septiembre sobre el recurso de inconstitucionalidad contra la ley del Parlamento Vasco de convocatoria de una consulta popular, y que dejó claro que «autonomía no es soberanía».

La distinción básica entre poder constituyente y poderes constituidos quiebra en nuestro ordenamiento en lo relativo a la distribución territorial del poder, como considera el constitucionalista Javier Tajadura.

Como había señalado el profesor Pedro de Vega: «El poder estatuyente de las autonomías se convirtió en una prolongación del poder constituyente, distorsionando la lógica del Estado constitucional, conforme a la cual, el poder constituyente desaparece con la aprobación de la Constitución».

Es así como aparecen nuevos conceptos, pura ingeniería jurídica, tales como «bloque de constitucionalidad» o «constitución territorial» sin amparo en nuestra Constitución.

La Constitución dejó abierto el proceso constituyente

La Constitución creó un Estado imperfecto por haber dejado abierto el proceso constituyente al permitir, por un lado, los cambios en la atribución de competencias por el artículo 150.2, sin respetar el procedimiento que establece la propia Constitución; y por otro, al no cerrar las listas de competencias, que pueden ser ampliadas sucesivamente con las reformas de los Estatutos de Autonomía.

El reparto competencial entre el poder central y los poderes descentralizados debería estar constitucionalizado. Haber delegado a los Estatutos de Autonomía la fijación de las competencias descentralizadas con una invitación a ampliarlas sucesivamente, artículo 148.2, ha supuesto una desconstitucionalización que ha propiciado el proceso soberanista de alguna comunidad autónoma, pues se ha considerado que la soberanía es compartida por el pueblo español (poder constituyente) y por la capacidad estatuyente de las comunidades autónomas. Esta situación ha facilitado que los nacionalismos hayan extendido la especie de que estamos ante una organización del Estado confederantista, cuando en verdad España está constituida en un Estado constitucional único.

De lo hasta aquí expuesto puede deducirse la conveniencia de declarar irreformables los Estatutos de Autonomía, salvo que se recurra a la modificación del reparto territorial del poder establecido en la Constitución. Algunos proponen la existencia de un Estatuto único, como modelo completo de Estado federal.

Esta confusión conceptual ha creado una cierta creencia, generalizada hoy en España, conforme a la cual únicamente se es progresista si se propugna el aumento del poder de autogobierno regional, pensamiento muy alejado de la verdad, y desmentido cada día por la realidad.

Sobre los riesgos de tan peligrosa situación, mantener permanentemente abierto el proceso constituyente, nos advertía el profesor Tomás y Valiente: «Hay que dar por terminado el proceso constituyente. Un Estado no puede permanecer indefinidamente en proceso constituyente sin poner en riesgo la unidad de la sociedad política subyacente, la unidad de la nación. Si no se pretende conscientemente esa ruptura es imprudente desencadenar fuerzas que pueden conducir a ese resultado». Un buen ejemplo de la presciencia del añorado profesor.

En derecho constitucional es preciso ser cuidadoso en el uso de los conceptos, pues de un término que pueda pensarse que es neutro políticamente pueden derivarse consecuencias no previstas. Cuando en 1812 los constituyentes reunidos en Cádiz intentan trasponer los avances democráticos alcanzados por la Revolución Francesa y estando España ocupada por el Ejército francés, recurre Argüelles, en su discurso preliminar, a fundamentar los cambios en el derecho histórico español, en la viejas Cortes. Así fue cómo en 1978 se recogieron los derechos históricos forales en la disposición adicional primera que ha supuesto la cobertura de un singular sistema de financiación con ventajas comparativas respecto del régimen común. Ello explica que en los nuevos estatutos reformados todos incluyan la existencia de derechos históricos. Se plantea así un choque de legitimidades: la legitimidad histórica y la legitimidad democrática. Juzgue cada quien cuál debe ser la prevalente. En cuanto a mi pensamiento, es la preferente la democrática que surge de la Constitución española de 1978.

La unidad de España no es sino la igualdad entre los españoles

La aceptación de privilegios pone en causa el concepto de nación, de la que en base a la concepción de Sieyès se encuentran dos acepciones: la nación jurídica (política) y la nación cultural (identitaria), que habitualmente se confunden en el uso que hacen los políticos en España. Otros hablan de la concepción de una España plurinacional, pero el plurinacionalismo no es un concepto constitucional, no figura en las constituciones, salvo en la de Bolivia, que en su artículo 1 dice: «Bolivia se constituye en un Estado unitario, social, de derecho, plurinacional, comunitario, libre, independiente, soberano, democrático, intercultural, descentralizado y con autonomías». No parece un modelo a imitar. España no es un Estado plurinacional, es una nación plural, lo que se reconoce en el modelo autonómico que instaura.

Conviene recordar lo que se establece en el artículo 1 de la Constitución:

1. España se constituye en un Estado social y democrático de derecho, que propugna como valores superiores de su ordenamiento jurídico la libertad, la justicia, la igualdad y el pluralismo político.
2. La soberanía nacional reside en el pueblo, del que emanan los poderes del Estado.

Y en el artículo 2: La Constitución se fundamenta en la indisoluble unidad de la nación española, patria común e indivisible de todos los españoles, y reconoce y garantiza el derecho a la autonomía de las nacionalidades y regiones que la integran y la solidaridad entre todas ellas.

Adviértase que las comunidades autónomas integran la nación pero no la constituyen.

La unidad de España no es otra cosa que la igualdad entre españoles, así de simple, así de democrático. La discriminación entre españoles por motivos culturales e identitarios supondría un atentado a la unidad porque sería contraria al principio de igualdad recogido repetidamente en la Constitución en los artículos 1, 9.2, 14, 31, 138.2, 139.1, 149.1.1ª. Baste con la lectura del artículo 139.1: «Todos los españoles tienen los mismos derechos y obligaciones en cualquier parte del territorio del Estado».

A lo largo de la exposición se ha podido comprobar que no faltan problemas de entendimiento del texto constitucional ni peligros que puedan acechar a la convivencia social, pero la Constitución de 1978 sigue representando el mejor ejemplo de un esfuerzo colectivo para garantizar el respeto a todas las posiciones políticas y sociales y para preservar la libertad.

El proyecto de futuro está globalmente expresado en el preámbulo, cuando afirma que la nación española desea establecer una sociedad democrática avanzada.

El contenido estático de la Constitución es el Estado social y democrático de derecho en que, de acuerdo con el artículo 1, se constituye España.

El contenido dinámico, añade, además, un avance en esa misma sociedad democrática hasta alcanzar una sociedad en la que la democracia económica y social se funda con la democracia política.

Y los valores constitucionales de justicia e igualdad se funden con los de libertad y pluralismo. Establecer entre nosotros una democracia avanzada es conquistar para los españoles espacios cada vez más amplios de libertad, posibilidades cada vez mayores de autonomía personal, sustituir progresivamente relaciones y situaciones de desigualdad por otras más igualitarias, cuestionar constantemente la justicia de las pautas de distribución que estratifican nuestra sociedad y ensanchar la tolerancia hacia todas las actitudes e ideologías que acepten este proyecto dinámico de vida en común.

La historia del constitucionalismo no es más que la historia de las transformaciones que se han llevado a cabo para hacer reales y efectivas, en cada momento histórico, las ideas de libertad, democracia e igualdad; en definitiva, hacer de los hombres auténticos ciudadanos libres, como lo formuló el recordado profesor Pedro de Vega.

Existen razones sobradas para hacer de la Constitución de 1978 un balance claramente positivo, pero esto no debe detenernos. En el marco de convivencia en libertad que la Constitución nos ofrece, debemos seguir trabajando hasta hacer plenamente efectivo todo el contenido social y democrático de la Constitución y convertir en realidad el proyecto de sociedad democrática avanzada.

4

LA REFORMA ELECTORAL

El conjunto de sistema y procedimiento electoral vigente en España ha tenido siempre un gran apoyo parlamentario. Pero después de cada elección aparecen las críticas.

La proporcionalidad de los resultados parlamentarios, en relación con los apoyos electorales, parece volver a ser el caballo de batalla en torno a las críticas que se vierten sobre un sistema ya en bastantes ocasiones estigmatizado. A lo largo de sus ya más de cuarenta años de vida, el sistema electoral ha recibido críticas de muy distinto signo, diferente veracidad empírica y relevancia desigual; críticas que se podrían integrar en los tres siguientes bloques: la desproporcionalidad de sus efectos, la despersonalización de la representación con el sistema de listas cerradas y bloqueadas, y la sobrerrepresentación que habría conferido a los partidos nacionalistas.

Las demandas de adaptación o de reforma del sistema electoral, efectivamente, no han dejado de sucederse desde antes, incluso, de las primeras elecciones de 1977 hasta nuestros días. Los primeros pasos en la conformación del actual sistema electoral se dieron en la Ley para la Reforma Política, refrendada el 15 de diciembre de 1976. En esa primera norma preconstitucional se conformaron, ciertamente, algunos de los elementos esenciales del sistema electoral actual. Fue así como, por mandato de esa norma, el Gobierno preconstitucional y predemocrático de Adolfo Suárez reguló las primeras elecciones de 15 de junio de 1977 a través de la normativa provisional y urgente del Real Decreto-Ley de 18 de marzo de 1977. Con el mismo decreto y posiblemente sin imaginárselo, aquel Gobierno sentó las bases del sistema electoral que no solo ha regulado las trece elecciones legislativas (llamadas generales), sino que, además, ha constituido la base de los sistemas electorales para la elección de concejales y alcaldes, de los Parlamentos autonómicos y del Parlamento Europeo.

Aunque la Constitución española de 1978 derogó expresamente la Ley para la Reforma Política, la normativa provisional para la elección de diputados y senadores se mantendría en vigencia formal hasta junio de 1985 cuando se aprobó la LOREG (Ley Orgánica de Régimen Electoral General), regulando no solo las elecciones de marzo de 1979, sino también las del 28 de octubre de 1982. De todas formas, más allá de la vigencia normal de esa normativa «extraordinaria y urgente» de marzo de 1977, sus contenidos esenciales fueron constitucionalizados en el texto de 1978.

El férreo blindaje que los constituyentes realizaron sobre el sistema electoral, integrándolo como parte esencial del consenso constitucional, nos llevaría a considerar ahora que cualquier propuesta de reforma esencial que se efectúe en estos momentos debería contar con apoyos semejantes a aquellos con los que se fraguaron esos textos y, posteriormente la propia Ley Orgánica del Régimen Electoral General de 19 de junio de 1985. Esta ley, a pesar de lo que algunos ahora señalen, fue aprobada finalmente en el Congreso con la sola oposición de 2 diputados y la abstención de otros 2, obteniendo un grado de consenso parlamentario en las Cortes incluso superior al que recibió la propia Constitución. No obstante, a pesar de lo que aparentemente pudiera creerse, la LOREG ha sido modificada entre 1985 y 2011 en quince ocasiones, aunque con ninguna de ellas se haya alterado alguno de los componentes esenciales del sistema electoral.

Un sistema que ha regulado ya trece procesos electorales para la elección de diputados y senadores y que ha posibilitado la celebración de unas elecciones fundacionales, las de 1977, que confirieron legitimidad y gobernabilidad al sistema, cinco alternancias de mayorías gubernamentales (1982, 1996 , 2004, 2011 y 2017) sin que la estabilidad ni la gobernabilidad se resintieran y, por último pero no únicamente, la conformación de cinco mayorías absolutas y siete minorías mayoritarias, sin que afectase a la continuidad y estabilidad del sistema. Esto no es algo desdeñable *a priori*.

Los programas electorales de la práctica totalidad de los partidos han incluido ya en más de una ocasión diferentes propuestas de reforma del sistema electoral, en general, y de la ley electoral de 1985, en particular.

Las propuestas que han presentado los partidos son:

- Sufragio activo (bajar la mayoría de edad electoral) (art. 2).
- Revisión de los plazos de publicación de encuestas electorales (art. 69.7).
- Regulación del sufragio de los españoles en el exterior (CERA) (art. 75)
- Desbloqueo de listas cerradas.
- Mecanismos telemáticos para votación.
- Sistema electoral:
  — Aumentar a 400 el número de diputados.
  — Reducir el mínimo por circunscripción a 1.
  — Doble voto.
- Sistema elección de senadores (más autonómico). Se ha propuesto que los elijan los Parlamentos autonómicos, los Gobiernos o incluso los presidentes de las comunidades autónomas. Ante la proposición de concentración de poder, parece más democrática la elección por los ciudadanos directamente.

- Elecciones locales. Derecho de voto activo a inmigrantes.
- Elecciones europeas. Circunscripción autonómica.
- Eliminación del carácter básico de la LOREG.

Como afirma acertadamente el catedrático de la Universidad de Heidelberg, Dieter Nohlen, considerado uno de los mejores conocedores del sistema español y de sus rendimientos en una perspectiva comparada, con respecto a las propuestas de reforma y a los criterios de evaluación que se planteen sobre los rendimientos de un sistema electoral particular, hay que tener en cuenta una serie de consideraciones básicas. *Primera*, que «no existe ningún sistema electoral ideal»; *segunda*, que «a un sistema electoral se le pueden plantear distintas exigencias, entre las cuales las más importantes son (A) la representación, (B) la efectividad y (C) la responsabilidad»; *tercera*, que «la valoración de las exigencias que se plantean a un sistema electoral depende de consideraciones teórico-democráticas o de poder político partidario»; *cuarta*, que «los sistemas electorales no pueden satisfacer las diferentes exigencias al mismo tiempo, en la misma medida y de manera absoluta», y *quinta*, que «la opción por un sistema electoral expresa indefectiblemente cuáles exigencias se valoran como cruciales y cuáles como menos importantes».

Estas consideraciones requieren atender tres exigencias: que las elecciones generen unos efectos derivados de la función de representación; que estos efectos satisfagan la gobernabilidad, y que, en fin, aporten al sistema la necesaria legitimidad democrática propia de la voluntad popular.

También a partir de las citadas consideraciones, en una evaluación del conjunto del sistema electoral español, deberíamos reconocer el alto grado de funcionalidad que este ha propiciado para el sistema político de la democracia. De todas formas, los mayores déficits de los rendimientos del sistema electoral se concentran en el tipo de representación obtenida, en atención a la exigencia constitucional de que la misma responda a criterios de proporcionalidad. Esta, junto al necesario fortalecimiento del nexo entre representante y representado, o de logro de una mayor responsabilidad del sistema, podríamos considerar que es el ámbito sobre el que se demanda más unánimemente una más inmediata intervención sobre el sistema electoral a través de las adecuadas reformas para seguir satisfaciendo, cuarenta años después de su puesta en ejercicio, las funciones que en nuestro sistema político se le requieren. Los límites con los que nos encontramos responden a dos órdenes de naturaleza bien distinta: uno de carácter legal-constitucional, y otro, de orden sistémico, de la lógica del propio sistema electoral.

El primero lo encontraríamos limitado por el blindaje constitucional que sobre el sistema electoral se efectuó en los primeros años de la democracia que ha generado sobre el conjunto del sistema no pocas dudas sobre su equidad. La alteración de parte del sistema electoral constitucional podría, efectivamente, abrir unas posibilidades de transformación de los efectos de la elección sobre la representación que difícilmente se pueden afrontar desde las actuales condiciones, a saber: el límite de los 400 miembros del Congreso de los Diputados y la determinación de la provincia como circunscripción electoral (única o compartida con una circunscripción nacional).

La segunda limitación de una eventual reforma del sistema electoral la encontramos en la naturaleza interdependiente o sistémica del régimen electoral. Ninguno de los elementos constitutivos del sistema electoral, del español o de cualquier otro, se integran de forma aislada e independiente del resto de los componentes del mismo; así, una intervención, por ejemplo, sobre la circunscripción tendría efectos automáticos sobre el tipo de candidaturas, la forma de expresión del voto o la fórmula electoral, entre otros, que hay que tener valorados y asumidos previamente.

Sobre tales consideraciones, se podría entender que los dos únicos ámbitos de intervención sustantiva inmediata —sin necesidad de proceder previamente a una reforma constitucional— para «mejorar» la representación se dirigirían, por una parte, hacia el incremento de la proporcionalidad —en atención a la propia exigencia constitucional— y, de otra parte, hacia el fortalecimiento del principio de responsabilidad en la elección de los ciudadanos. Esto podría concretarse en una modificación de los procedimientos de prorrateo de los escaños en las circunscripciones, por un lado, y, de otro, por un incremento del número de miembros del Congreso hasta los 400 diputados introduciendo además un segundo reparto con los restos de todos los partidos sobre el ámbito estatal. Para atender la segunda de las demandas, mayor personalización del sufragio a través de una mayor capacidad selectiva de los electores, se podría abordar el desbloqueo de las listas electorales a través de alguno de los diferentes procedimientos de voto preferencial. La expresión de un número limitado de preferencias dentro de la candidatura de lista, podría servir para otorgar al electorado una mayor capacidad de decisión en el sentido de la personalización de la representación, sirviendo de contrapeso a la prerrogativa de los partidos en la formación de las candidaturas. De todas formas, los efectos de tal intervención desbordan los estrictos límites de la elección y se transfieren al sistema de partidos y a los modelos organizativos de los mismos.

¿Listas abiertas o listas cerradas?

En cuanto al problema de la representatividad: ¿cómo eligen los votantes? ¿Son ellos los que deciden o lo hacen previamente los dirigentes de los partidos, ofreciendo una lista cerrada y bloqueada sobre la que los electores no tienen posibilidad de opinar?

Entre las principales críticas que se han hecho de las listas cerradas y bloqueadas tenemos:

- Que son poco democráticas, pues restringen las opciones de los electores.
- Que fortalecen la primacía de poder de los dirigentes partidistas.
- Que despersonalizan la relación entre representantes y representados, pues se vota al partido y no al candidato.

Existe acuerdo casi general en estas críticas, aunque también hay cierto escepticismo en que la apertura de las listas electorales pueda generar una solución salvífica. Sin tener que indagar demasiado se podría argumentar que en España ya existen listas desbloqueadas, las que se presentan para la elección de los senadores, sin que hayan aportado grandes avances en los problemas de representatividad que se denuncian.

Por otra parte, algunos analistas razonan que la experiencia histórica europea de lista abierta ha generado fenómenos muy acusados de clientelismo y corrupción. Los candidatos no solo deben disputar los votos con los de los partidos rivales, sino también con los candidatos de su propio partido de su misma lista. Y esa doble lucha electoral exige unos recursos económicos que no todos poseen, por lo que tienden a buscarlos en patrocinios privados. Así, en la política italiana de los años setenta, ejemplo total de listas abiertas, cuando alguien presentaba a un diputado a otra persona, acostumbraba a decir el nombre, el partido al que pertenecía y la empresa patrocinadora, de manera que no era infrecuente oír decir «el diputado de Olivetti» o «el diputado de Fiat» y así cada uno con su patrocinador. No es preciso comentar cuál es el resultado que se adivina de tal dependencia.

A pesar del escepticismo, algún mecanismo de apertura podría contribuir a mejorar el funcionamiento democrático de los partidos políticos.

Tal vez el ámbito de las elecciones municipales sea el más idóneo para comenzar, dado que es allí donde la relación electores-candidatos es más próxima.

La fórmula podría consistir en no bloquear las listas, aunque no queden abiertas completamente (algunos analistas hablan de listas entreabiertas). En ellos el elector podrá marcar o no cada uno de los nombres que figurasen en la lista presentada por el partido político.

En cuanto a la intervención para lograr una representación más proporcionada a los votos expresados, que a su vez no incida sustancialmente sobre los rendimientos de gobernabilidad del sistema, solo podría tener lugar con la ampliación del Congreso al límite de los 400 diputados y al establecimiento de un segundo reparto de los restos no asignados en una primera distribución de los 350 diputados. Las otras posibilidades no introducirían variaciones sustantivas ni efectos significativos sobre los actuales índices de desproporcionalidad que nuestro sistema genera. En efecto, con la disminución a un diputado en la igualación mínima inicial de las circunscripciones, tanto sobre un Congreso de 350 como de 400 diputados, no se variarían en esencia los actuales efectos.

Solamente, como hemos adelantado más arriba, con el establecimiento de un segundo reparto de restos no aplicados en una primera distribución de 350 sobre 400 en juego, cabría esperar cambios relevantes para los efectos de proporcionalidad en la representación.

Las más aceradas críticas al sistema electoral se dirigen a denunciar la desproporcionalización que se opera a causa no del método de D'Hont de distribución de escaños, como reiteradamente se dice, pero sí por la existencia de cincuenta (más dos, Ceuta y Melilla) circunscripciones. Aunque si se acude a los datos, la realidad no es para tanta alarma.

Si se comparan los porcentajes de votos obtenidos por cada partido en las últimas elecciones de 2016 con los porcentajes de escaños obtenidos en la Cámara, se puede comprobar la escasa desproporción que genera el sistema, excepciones aparte que serán señaladas.

	% Votos	Escaños	% Escaños	Diferencia
PP	33,03	137	39	+5,97
PSOE	22,66	85	24	+1,34
Podem.IU	13,37	45	12,8	- 0,57
C's	13,05	32	9,14	- 3,91
ECP	3,55	12	3,4	- 0,15
Podem.Com	2,74	9	2,5	- 0,24
ERC	2,63	9	2,57	- 0,06
CDC	2,01	8	2,2	+0,19
PodemMare	1,44	5	1,4	- 0,04
PNV	1,20	5	1,4	+0,2
EH Bildu	0,77	2	0,5	- 0,27
CC-PNC	0,33	1	0,2	- 0,13

El cuadro nos dicta que las desviaciones son mínimas, salvo en los casos de PP (con plus de 5,97 por ciento de aumento de porcentaje de escaños sobre el de votos); y el de C's con una penalización de 3,91 por ciento de escaños respecto de votos. El resto de los cambios son irrelevantes para la conformación de la Cámara. La contrapartida es un alto grado de estabilidad para la gobernación.

Si se calcula la tasa de ventaja (*advantage ratio*) o coeficiente de representación, se obtiene para cada partido:

$$A = \frac{\%\ \text{escaños}}{\%\ \text{votos}}$$

PP =	1,1
PSOE =	1,05
Podemos-IU-EQUO =	0,96
C's =	0,7
ECP =	0,97
Podemos-Compromís-EUPV =	0,92
ERC-CATSÍ=	0,97
CDC=	1,09
Podemos- EN MAREA-ANOVA-EU =	0,97
EAJ-PNV =	1,16
HB Bildu =	0,71
CCa-PNC =	0,66

Siendo 1 la proporcionalidad total, las desviaciones son menores (salvo para casos en que el número obtenido es mínimo) y ayudan a la necesaria gobernabilidad, combinando la representatividad y la estabilidad, factores imprescindibles para la consolidación y la legitimidad de un sistema democrático.

Los datos desmienten también la repetida crítica de que el sistema electoral beneficia de manera relevante a los partidos nacionalistas.

La complejidad de las intervenciones que se pueden realizar sobre un sistema electoral y, sobre todo, las consecuencias que sobre el sistema de partidos, en particular y sobre el sistema político en general pueden desplegar tales actuaciones, debería llevar a nuestros representantes a ser extremadamente cautos, como ya hemos advertido, ante cualquier decisión de reforma del sistema actual. Para ello creo que sería oportuno no dejar de tener presente dos máximas ya apuntadas: una, que no hay ningún sistema electoral ideal ni ninguno que logre la perfección ni los efectos deseados para todos en todas las condiciones y, por eso, y apunto la segunda máxima de procedimiento, solo con acuerdos unánimes, o casi unánimes, de todos los actores que juegan en el proceso y no a través de mayorías aritméticas o presiones mediáticas de los más diversos grupos, se puede llevar a cabo la modificación de unas reglas de juego electoral, que aunque mejorables, en los últimos cuarenta años de elecciones en España, han demostrado su eficacia para la estabilidad de la democracia en nuestro país.

5

¿SE PERSIGUE EL CASTELLANO EN CATALUÑA?

La Constitución define con claridad cuál es el tratamiento debido a las lenguas que se hablan en España; el artículo 3 establece:

1. El castellano es la lengua española oficial del Estado. Todos los españoles tienen el deber de conocerla y el derecho a usarla.
2. Las demás lenguas españolas serán también oficiales en las respectivas comunidades autónomas de acuerdo con sus Estatutos.
3. La riqueza de las distintas modalidades lingüísticas de España es un patrimonio cultural que será objeto de especial respeto y protección.

El especial respeto y protección que exige el último apartado fue seguido cuidadosamente; si quiere comprobarse bastaría con hacer una comparación con la regulación de las lenguas contenida en la Constitución de 1931, la de la Segunda República. En su artículo 4 decía: «El castellano es la lengua oficial de la República. Todo español tiene la obligación de saberlo y el derecho de usarlo, sin perjuicio de los derechos que las leyes del Estado reconozcan a las lenguas de las provincias o regiones. Salvo lo que se disponga en leyes especiales a nadie se le podrá exigir el conocimiento ni el uso de ninguna lengua regional».

Es fácil dirimir la más amplia generosidad con la que la Constitución de 1978 aborda el tema de las lenguas de las comunidades autónomas respecto de la Carta Magna republicana.

Pero volvamos al texto de la Constitución vigente. Digno de notar es que a la lengua que se habla en toda España no se le denomina «español», como es conocida en todo el planeta, sino castellano. ¿Un intento prematuro de restringir el ámbito de esa lengua?

Cuando en el párrafo segundo se habla de las demás lenguas de España, el constituyente dudó a la hora de su enumeración para evitar los conflictos que se plantean entre expertos lingüísticos y opinantes políticos. Sabemos que se refiere al catalán, el euskera, el gallego, y las variantes valenciano y mallorquín, para unos lenguas, para otros variedades del catalán. Estas lenguas habían sido perseguidas durante la dictadura del general Franco, muy especialmente el catalán y el euskera, por lo que se puede apreciar en los constituyentes una actitud de compensación con aquella etapa, dando el justo valor a las lenguas que tuvieron problemas en el pasado.

Desde posiciones nacionalistas se ha hecho de este tema un terreno prohibido para todos; arguyendo la especial sensibilidad que tienen por la lengua, han logrado que los demás callen ante cualquier colisión de derechos.

Donde se ha planteado el conflicto lingüístico con mayor virulencia ha sido en Cataluña, aunque algunas dificultades surgieron en Euskadi y Galicia y comienza a aparecer el conflicto en la Comunidad Valenciana y, sobre todo, en Baleares. Allí, los políticos catalanes decidieron que el catalán es la lengua *propia* de Cataluña, a pesar de conocer que la mitad de los catalanes tienen al castellano como lengua materna.

El poder político autonómico y local ha realizado una política sistemática de desplazamiento del castellano. Nos bastaría recordar la aberración de que se sancione a los comerciantes que rotulan sus establecimientos en español, ¡en España!, donde es la lengua oficial. El modelo talibán.

A partir de la Ley de Normalización Lingüística del Parlamento de Cataluña (1983), las autoridades de la comunidad autónoma actúan como si el catalán fuese la única lengua hablada en Cataluña. En todas las manifestaciones de los poderes autonómicos y locales ha desaparecido el bilingüismo; carteles, anuncios, documentos siempre redactados solo en catalán, violando las leyes y abandonando la posición de los poderes públicos catalanes que durante un tiempo defendieron el bilingüismo, para después dejarlo arrumbado.

La evolución queda patente incluso en los textos legislativos producidos por el Parlamento catalán. El Estatuto de Autonomía, en su artículo 3 establece:

1. La lengua propia de Cataluña es el catalán.
2. El idioma catalán es el oficial de Cataluña, así como también lo es el castellano, oficial en todo el Estado español.
3. La Generalidad garantizará el uso normal y oficial de los dos idiomas, adoptará las medidas necesarias para asegurar su conocimiento y creará las condiciones que permitan alcanzar su plena igualdad en lo que se refiere a los derechos y deberes de los ciudadanos de Cataluña.

La aprobación de la Ley de Normalización Lingüística da un paso gigantesco en la preterición del castellano. Dice la ley en algunos artículos:

Art. 2. El catalán es la lengua propia de Cataluña. Todos los ciudadanos tienen el derecho de conocerla y de expresarse en ella, de palabra y por escrito en las relaciones y actos oficiales y no oficiales.

Art. 5. El catalán, como lengua propia de Cataluña, lo es también de la Generalidad y de la administración territorial catalana, de la administración local y de las otras corporaciones públicas dependientes de la Generalidad.

Art. 14. El catalán, como lengua propia de Cataluña, lo es también de la enseñanza en todos los niveles.

Lo que se pretende es la inmersión lingüística del ciudadano en una sola lengua, el catalán; no se trata de una normalización lingüística, restaurando la situación del catalán antes de la dictadura, no. Es una operación política para lograr que el catalán sea la única lengua que se pueda usar en Cataluña.

Para alcanzar ese objetivo que supone una persecución del castellano (los nacionalistas y otros dirán que es falso, y para tapar la verdad esgrimirán que es un argumento de la derecha extrema, pero no, es la realidad contrastada por muchos ciudadanos y por los tribunales, a cuyas sentencias los nacionalistas hacen caso omiso) utilizan todos los artificios a su alcance, la enseñanza, la televisión y la radio públicas, la señalización de calles y carreteras, la Administración, el Parlamento, donde los diputados nunca hablan castellano más que muy excepcionalmente. Se realizó una encuesta en toda Cataluña acerca de cuál es la lengua hablada habitualmente. Más del 60 por ciento de la población encuestada contestó que el castellano. Se repitió el sondeo entre los diputados, con una muestra universal, se preguntó a todos, solo el 7 por ciento confesó hablar castellano habitualmente. La fractura es evidente, entre los representados el 60 por ciento, entre los representantes el 7. La Cataluña real y la oficial.

Se pretende imponer a la totalidad del pueblo catalán la lengua que utiliza la mitad de la población, pero que es la propia —ahora sí— de los políticos catalanes. Se comprende por qué los nacionalistas y allegados no quieren que se hable de las lenguas que se utilizan en Cataluña. Todos procuran desviar la mirada, permitiendo así un quebrantamiento de las raíces culturales de numerosos ciudadanos de Cataluña. Son muchos los catalanes que podrían hoy decir como Juan Luis Vives en su época: «Pasamos tiempos difíciles en los que no se puede hablar ni callarse sin peligrar».

Se hace urgente y necesaria una reforma que proteja el catalán y el castellano, que impida la inmersión lingüística en una sola lengua, sea esta el catalán o el castellano.

6

ESPAÑA Y SUS NACIONALISMOS

El título del capítulo indica que se considera la existencia de más de un nacionalismo en nuestro país.

Pongámonos de acuerdo, al inicio, en el significado de nacionalismo. Los especialistas definen a la nación como «un grupo humano designado por un gentilicio y que comparte un territorio histórico, recuerdos históricos y mitos colectivos, una cultura de masas pública, una economía unificada y derechos y deberes legales iguales para todos sus miembros» (Anthony D. Smith). Su propia definición revela el carácter abstracto y complejo del concepto de «identidad nacional».

La creencia nacionalista sostiene que las naciones han existido desde tiempo inmemorial, aunque hayan atravesado largos periodos sin conciencia de tal nacionalidad. Hoy sabemos por los estudios modernos que esta es una leyenda sin fundamento. Los que han estudiado el origen de las naciones han podido demostrar la relativa modernidad del nacionalismo en la historia.

El nacionalismo es un movimiento y una ideología de finales del siglo XVIII, aunque en el caso español existe alguna discrepancia, pues los hay que colocan el nacimiento del nacionalismo en el siglo XIX, opinión que es compartida por quien escribe.

Se ha presentado el nacionalismo en dos formas bien diferenciadas: el nacionalismo del Estado-nación y el de subnación, es decir, aquel que pretende una nación en el interior de una nación.

Podríamos también clasificar el nacionalismo como aquel que, invadida una nación —caso paradigmático de los países sujetos al colonialismo—, construye su concepto de nación para lograr la independencia del actor externo. Es un movimiento cívico y territorial que exige su identidad.

Y por otra parte está el nacionalismo étnico, cuyo concepto de nación se fundamenta en razones étnicas y genealógicas; pretenden la secesión y en algunos casos el pan-nacionalismo, pues buscan grupos étnicos que viven en naciones distintas.

Si hemos afirmado que los nacionalismos tienen su origen en el siglo XIX, no estamos negando que con anterioridad se produjeran circunstancias y acontecimientos históricos que habrían de marcar los futuros movimientos nacionalistas.

El caso de España es un ejemplo claro de hechos que habrían de prefigurar las características de los nacionalismos de nuestro país muchos años después.

Los procesos de creación de supranacionalidad, como en Europa, han alentado las tendencias hacia la subnacionalidad. Así, la Unión Europea (agrupamiento de Estados) ha funcionado paralelamente a la radicalización de subnacionalismos en Bélgica, Irlanda, España y Yugoslavia, hasta su desintegración en este último caso. La globalización económica reduce el papel de los Estados y da alas a la reaparición de los grupos nacionales dentro de los Estados.

A comienzos del tercer milenio, la identidad nacional continúa siendo parte fundamental de algunas comunidades. Una identidad compuesta de lengua, sentimientos, simbolismos, etnia o conciencia de pueblo elegido, nostalgia de una edad de oro o de una patria que nunca existió, vínculos sagrados con el territorio, muertos que lo fueron heroicamente y religión popular.

Siempre he creído y he apoyado el derecho a defender la tesis nacionalista, pero también el derecho a discrepar de ellas. El problema está en que no se da la reciprocidad, los nacionalismos admiten mal las críticas, tienden a descalificar al crítico excluyéndolo de la comprensión del problema. «Los que no sean de aquí ¿qué pueden saber de nuestros problemas?». Pretenden poseer una legitimidad de origen para descalificar. Tal espíritu descalificador funciona como una coacción sobre el que disiente de la tesis nacionalista, provocando un cierto miedo para expresar libremente el punto de vista por temor a merecer el anatema de antinacionalista, o lo que es aún peor en el caso nuestro, «nacionalista español».

Yo intento evitar esa coacción y procuro expresarme con claridad sobre este tema tan difícil. No pretendo poseer la verdad, pero manifiesto lo que pienso, sin ocultar nada, y con respeto al que opina de otra forma. Si estoy equivocado, espero los argumentos que lo demuestren pero no acepto ni la manipulación de mis ideas ni la descalificación por no compartir las ideas nacionalistas.

Todo nacionalismo fundamentalista, esencialista, es negativo, peligroso. En primer lugar, porque no podemos nunca saber en qué consiste; el hecho diferencial, los derechos históricos, no se basan en experiencias concretas que puedan definirse con claridad. Son creencias que exigen la fe, no admiten la comprobación.

El nacionalismo organiza la comunidad en base a una fidelidad excluyente con los que no aceptan las reglas impuestas por los nacionalistas. A mi parecer, abundan hoy los nacionalismos en España. Se puede seguir las huellas de cinco modelos nacionalistas en nuestro país:

- El nacionalismo español, histórico-patriótico, en declive en España, tras la afrentosa experiencia nacional de la dictadura franquista. Hoy se circunscribe a los brotes ultraconservadores de fuera del arco político constitucional.

- El nacionalismo vasco, histórico-étnico (y religioso), apoyado en la raza, un nacionalismo de apellidos, con fuerte apoyo de la Iglesia católica.
- El nacionalismo catalán, histórico-económico, sostenido por el sector económico y empresarial.
- El nacionalismo gallego, histórico-cultural, con el sustento de intelectuales y artistas.
- El nacionalismo de la igualación (es una denominación metafórica), nuevo, actual, reivindicativo de la oportunidad. («Lo que alcancen los otros también lo quiero yo»).

Al describir este catálogo de nacionalismos me advirtieron que exageraba al hablar del nacionalismo de la igualación («Lo que alcancen los otros lo quiero yo»), lo que me hizo reflexionar. No pasaría, sin embargo, mucho tiempo para que una comunidad presentase un proyecto de Estatuto en cuya disposición adicional segunda, conocida como la cláusula Camps, el de los trajes regalados, se puede leer: «1. Cualquier modificación de la legislación del Estado que, con carácter general y en el ámbito nacional, implique una ampliación de las competencias de las comunidades autónomas será de aplicación a la Comunitat Valenciana, considerándose ampliadas en esos mismos términos sus competencias».

Lo que no pasaría de ser un apoyo sentimental al lugar de nacimiento, a la «patria chica» se ha convertido, en el Estado de las autonomías, en una competición que arriesga acabar con la noción histórica de la nación en España.

El paso cualitativo que agrava la perspectiva es que ahora todos estos nacionalismos se enseñan en las escuelas, lo que creará en el futuro unas generaciones sin concepción nacional, con una concepción nacionalista ligada al territorio y a la mística fabricada por los actores políticos, mediáticos y culturales.

Podemos, pues, preguntarnos: ¿existe España? ¿Qué es España? ¿Es la suma de diecisiete comunidades autónomas agrupadas en una ficción jurídica? España es una realidad producto de la historia, o para ser más exacto producto de los hombres y mujeres que la poblaron durante su larga historia.

Esa realidad compleja es la que la Constitución de 1978 pretende integrar. Aunque la legitimidad de la Constitución es el proceso constituyente democrático mediante la expresión de la voluntad de los representantes de la soberanía popular y su aprobación del pueblo español en referéndum, la Constitución consideró la historia de la nación, su pluralidad cultural y por ello introdujo la capacidad de expresión autónoma de todas las singularidades que integran la nación. La legitimidad de la Constitución es, en todo caso, la democrática, no la de la historia o la tradición.

La Constitución diseña y establece un modelo de Estado: el Estado autonómico. El problema aparece cuando los nacionalismos de España lo niegan; el nacionalismo español aspirando a un Estado centralizador; los nacionalismos periféricos proponiendo en su práctica política una confederación de Estados o incluso un conjunto de Estados libres asociados.

¿Es que acaso el modelo de Estado es inmutable? ¿Hay que condenar aquella posición que quiera introducir cambios en el modelo constitucional vigente? No. La Constitución de 1978 es «un marco de coincidencias suficientemente amplio como para que dentro de él quepan opciones políticas de muy diverso signo» (sentencia del Tribunal Constitucional 11/1981).

No existen límites materiales a la revisión constitucional, pero siempre en el marco de los procedimientos de reforma de la Constitución, siguiendo lo establecido en los artículos 166 a 169. El respeto a estos procedimientos es inexcusable. Intentar eludir o sortear estos procedimientos es utilizar una inaceptable vía de hecho, incompatible con el Estado social y democrático de derecho que se proclama en el artículo 1.1. de la Constitución española.

La soberanía corresponde al conjunto del pueblo español

Esto es, precisamente, lo que se ha intentado por nacionalistas clásicos y modernos (más bien sobrevenidos) con algunas de las propuestas de reforma de Estatutos de Autonomía.

Por diversos vericuetos se ha pretendido establecer una relación entre dos soberanías: la del pueblo español y la supuesta soberanía del pueblo vasco, catalán, valenciano, etc. Así se ha querido por algunos nacionalistas «ejercitar» un supuesto «derecho a decidir» del pueblo de la comunidad autónoma, cuando es claro, evidente, que nuestro modelo constitucional de Estado establece como único titular de la soberanía al pueblo español, soberanía que no es fraccionable ni descomponible.

La identificación de un sujeto institucional con la cualidad de soberanía es imposible sin una reforma previa de la Constitución. Toda comunidad autónoma es la expresión formalizada de un ordenamiento constituido por la voluntad soberana de la nación española única e indivisible según el artículo 2 de la Constitución española. Es un sujeto creado, en el marco de la Constitución, por los poderes constituidos en virtud del ejercicio de un derecho de un poder soberano, exclusivo de la nación constituida en Estado. Por ello resulta una transgresión de la legalidad constitucional pretender que los poderes de una comunidad autónoma emanan del pueblo de la comunidad, sino de la única indivisible soberanía del conjunto del pueblo español. Esta razón es la que obliga a que una decisión que afecte al vigente modelo de Estado no pueda ser adoptada más que por el pueblo titular de la soberanía que es el que tiene el derecho a decidir.

Los nacionalismos de todo orden coinciden en su apelación a la historia como fuente de legitimidad. Digámoslo desde el principio: en democracia es el pueblo y sus representantes la fuente de legitimidad del poder y del derecho. Recurrir a la historia para justificar una añorada soberanía que nunca existió es un puro mito de la tradición.

En el caso español, dos fueron las comunidades que reivindicaron derechos históricos, el País Vasco y Navarra que esgrimieron sus derechos forales cuando se recuperó la democracia en 1977. Analicemos el proceso político que siguió al requerimiento nacionalista vasco y al foralismo navarro, pero adelantemos que en las reformas estatutarias de la VIII legislatura, la apelación a los derechos históricos se extendió a otras muchas comunidades, como veremos.

Es característico de todo nacionalismo la apelación a la Historia; una búsqueda de la legitimidad en los hechos históricos, no en la decisión soberana del pueblo. De alguna manera los nacionalismos imitaban la tradición constitucional española que siempre fue historicista. Piénsese que cuando en 1812 se pretende implantar la libertad como base de un nuevo régimen, se recurre a la explicación de que se trataba de recuperar unos valores que por haber sido olvidados —decían— se había producido la decadencia.

Digámoslo hoy nosotros con las palabras de la política, es el choque de dos legitimidades, la histórica y la democrática. A mi parecer, la legitimidad democrática es la que nace de un acto voluntario y libre de la soberanía popular, el acuerdo social que representa la Constitución de 1978, y no está sometida a ninguna otra legitimidad.

La lectura de los diarios de sesiones de las Cortes Constituyentes puede ilustrar acerca de las reiteradas apelaciones a la Historia, sobre todo del nacionalismo vasco, en el debate sobre la organización territorial del Estado. Sostenía el nacionalismo vasco que el régimen foral es la Constitución para los vascos. Para que se sumaran al consenso constitucional, ya lo hemos dicho, se incorporó la disposición adicional primera y la disposición derogatoria segunda.

Pero el nacionalismo no aceptó la Constitución, porque no aceptó el párrafo segundo de la disposición adicional primera.

Cuando la Constitución se sometió a referéndum popular, el Partido Nacionalista Vasco aconsejó a sus seguidores la abstención con un lema de campaña que es toda una declaración de principios: «Esta Constitución vulnera nuestros Fueros: defiende los Fueros: abstente».

A propósito del uso del historicismo en el proceso estatuyente, el profesor Carreras afirmó: «El historicismo considerado como el fundamento de instituciones políticas únicamente ha sido utilizado con una finalidad: eliminar, frenar o limitar la voluntad popular, el poder del pueblo, la capacidad de decisión de los ciudadanos. En definitiva, para impedir el ejercicio de los derechos democráticos».

Volvamos al análisis de los nacionalismos. Tras la Constitución se elaboran los Estatutos de Autonomía y tanto el nacionalismo vasco como el catalán encuentran su identidad en unos textos que otorgan unas amplias competencias a los nuevos órganos políticos que representan el poder autonómico.

La generalización de la estructura autonómica a todo el ámbito territorial español suscitará una carrera competitiva por alcanzar el nivel máximo de poder competencial y económico entre las comunidades autónomas. Ante la igualación competencial se utiliza en el lenguaje político la categoría diferenciadora de comunidades históricas, llegándose a afirmar que tal singularidad está contemplada en la Constitución.

En la VIII legislatura, dos comunidades autónomas, Euskadi y Cataluña, iniciaron unas reformas estatutarias que pronto serían denominadas Estatutos nuevos por sus autores y por todos los que siguieron enseguida su senda.

Como todos conocen el proyecto de reforma, mejor, el nuevo Estatuto elaborado por el Parlamento vasco fue rechazado en el Congreso de los Diputados porque implicaba una nueva estructura del Estado, la confederal, que está fuera del ordenamiento jurídico y político de la Constitución de la que nace el Estatuto de Autonomía.

En el Parlamento de Cataluña se redacta un Estatuto que debió ser modificado profundamente en el Congreso por los excesos inconstitucionales que se observaban en su texto.

Después vendrían las reformas de otros Estatutos, Valencia, Andalucía, islas Baleares y Aragón; todos ellos tomarán como modelo el Estatuto catalán.

El historicismo nacionalista: exaltar la diversidad, negar lo común

Lo que interesa conocer es qué transcendencia ha tenido la concepción nacionalista historicista en la confección de los nuevos Estatutos.

El Institut d'Estudis Autonòmics de Cataluña en su informe sobre la reforma del Estatuto sugirió «la posible actualización de los derechos históricos en el caso de Cataluña», argumentando que la disposición adicional primera abría «unas expectativas importantes para la reforma estatutaria». El Institut les descubría así a los estatuyentes catalanes la disposición adicional primera. Y decidieron aplicar a Cataluña la disposición, que, como todos saben, está referida estrictamente a los territorios forales.

La Ley Orgánica de Reforma del Estatuto de Cataluña contiene al menos dos claras apelaciones historicistas, una en el preámbulo y una segunda en el artículo 5.

En el preámbulo se dice: «El autogobierno de Cataluña se fundamenta en la Constitución, así como en los derechos históricos del pueblo catalán». Es decir, que coloca en un nivel igual a la Constitución y a los derechos históricos como legitimación de la autonomía. Y por si alguien pudiera opinar que la declaración preambular no posee carácter normativo, en el artículo 5 dirá: «El autogobierno de Cataluña se fundamenta también en los derechos históricos del pueblo catalán».

Debemos considerar un incidente del proceso estatuyente en el Parlamento catalán, que aclara las pretensiones de tal declaración. El Consejo Consultivo de la Generalidad advirtió en su informe con nitidez que pudiera constituir vicio de inconstitucionalidad las referencias a los derechos históricos, que la Constitución identifica con precisión con los territorios forales.

Los representantes políticos desoyeron las advertencias del Consejo Consultivo de la Generalidad que afirmaba en su informe que la inconstitucionalidad derivaba de que «no puede existir una doble legitimidad o una legitimidad alternativa al principio democrático».

Las otras comunidades autónomas aceptaron como un impulso para sus reivindicaciones competenciales las apelaciones a derechos históricos y así el proyecto de reforma del Estatuto de Valencia reclamaba su condición foral y la aplicación de la disposición adicional primera. Extremo este que fue eliminado a su paso por las Cortes. Pero no faltan elementos historicistas, baste con la lectura del artículo 57 que remite a un pasado predemocrático: «El real monasterio de Santa María de la Valldigna es templo espiritual, político, histórico y cultural del antiguo Reino de Valencia, hoy Comunitat Valenciana, y es igualmente símbolo de la grandeza del pueblo valenciano reconocido como nacionalidad histórica. Una ley de las Corts determinará el destino y la utilización del real monasterio de Santa María de la Valldigna como punto de encuentro y unión sentimental de todos los valencianos y como centro de investigación y estudio para recuperar la historia de la Comunitat Valenciana».

Traigo aquí estos hechos para subrayar que la concepción historicista e indentitaria no es ya patrimonio exclusivo de las fuerzas nacionalistas, sino que han logrado extender algunos de sus principios en las reconocidas como organizaciones políticas nacionales, algunas con miembros nostálgicos del nacional catolicismo, pero en la práctica política más dependiente del nacionalismo que niega a España que del españolista.

No crean que es este un hecho aislado. El Estatuto de Andalucía no apela a los derechos históricos, pero sí a la historia milenaria y a la identidad («robusta y sólida, forjada a lo largo de su historia»). El historicismo define a la comunidad como realidad nacional y se define como nacionalidad histórica.

El preámbulo del Estatuto balear expone que la nacionalidad histórica «rinde homenaje a todos sus hijos que a lo largo de los tiempos, lejanos y próximos, han trabajado para mantener la identidad de nuestro pueblo».

En el caso de la reforma del Estatuto de Aragón se incluyó una disposición (suprimida en su tramitación en el Congreso) que establecía, como en el catalán, que el autogobierno de Aragón se fundamenta en la Constitución, «así como en los derechos históricos del pueblo aragonés».

Hago cita de estos textos para exponer que el historicismo nacionalista, extendido a prácticamente todas las fuerzas políticas, es un alegato de desvalorización de la democracia, pues cuando se apela a la historia se desvanece la apelación al pueblo real, al pueblo del presente, el que legitima el sistema democrático.

Tanta apelación a la historia a la hora de construir el Estado autonómico ha provocado una reflexión en el historiador John Elliott, hispanista prestigioso, que resume lo que vengo diciendo: «Lo que más sorprende al historiador es el parecido de la España autonómica a la España de los Austrias».

He querido exponer la variante nacionalista que ha impregnado en la práctica política a buena parte de la clase política española. Sin duda, existen vestigios fuertemente arraigados de la vieja concepción centralista de España, pero el debate hoy se juega más en la periferia geográfica y en el nacionalismo poco afecto a la idea de España, en todo caso del Estado español, que es la nueva definición que se hace de la nación.

Del modelo de Estado autonómico se ha pasado al modelo de España plural, nación de naciones. Si los centralistas solo admitían el tronco común y despreciaban e incluso pretendían eliminar la diversidad existente en la nación española, hoy, en un salto histórico poco explicable, se ha pasado a exaltar la diversidad y negar lo común.

Don Fernando de los Ríos tenía razón: «Hace muchos siglos, muchos, que empezó el mundo a tratar de definir qué es España». Al parecer, los españoles no hemos dejado de hacerlo aún.

Hora de consolidar el Estado autonómico en el marco de la Constitución

A mi modesto entender, es una ocasión magnífica para abrir una nueva etapa en la vida política española, respecto al reparto del poder, del ejercicio de las competencias de cada administración y de la lealtad que todos deben practicar respecto a la Constitución de 1978.

Los nacionalismos, los que provienen de la nación de finales del siglo XIX, y los que, a la vista de la senda política abierta por la Constitución democrática, han incorporado elementos del nacionalismo más antiguo, deberán declarar, proclamar y comprometerse con el respeto a la estructura del Estado que establece la Constitución, los Estatutos de Autonomía reformados, las sentencias del Tribunal Constitucional y el acuerdo de financiación. De tal suerte que se inicie una etapa nueva para España.

¿Significaría eso que el proceso autonómico quedaría congelado? No. Se trata de no volver a intentar modificar el reparto competencial y de poder que establece la Constitución sin proceder a una reforma de la misma por los procedimientos que en ella establecen los artículos 166 a 169.

Los partidos nacionalistas marcaron una transgresión de los límites que la Constitución establecía, impulsados quizás por la aparición de nuevos Estados en la Europa central. La cita de los partidos nacionalistas en Barcelona el 16 de julio de 1998 sirvió para que expresaran su incomodidad con los Estatutos de Autonomía y la Constitución, y el lanzamiento de nuevas metas. Poco después en Vitoria (el 15 de septiembre), en una declaración conjunta, pidieron el reconocimiento «del carácter plurinacional y plurilingüe del Estado español, y sobre los efectos políticos que se derivan de dicho reconocimiento en cuanto a la redistribución de soberanía y poder».

Al mismo tiempo, el 12 de septiembre, se celebra la reunión de Lizarra (Estella, Navarra). En ella, los partidos nacionalistas vascos, con la formación que representaba al terrorismo de ETA incluida, y con Izquierda Unida de Euskadi, acuerdan la puesta en marcha de un «proceso de paz» que signifique «depositar en los ciudadanos de Euskal Herría la última palabra respecto a la conformación de su futuro y exigir que se respete la decisión por parte de los Estados implicados (España y Francia)».

Solo cuatro días más tarde ETA declara lo que llama «un alto el fuego unilateral». Bien pronto el Partido Nacionalista Vasco expresa su disposición a apoyar un nuevo marco político para Euskadi. Nace así el Plan Ibarretxe.

Estas dos iniciativas: Barcelona/Vitoria y Lizarra o Estella crean efectivamente un nuevo clima descentralizador al que no supieron oponerse los partidos de ámbito nacional, colocando a España de nuevo en una encrucijada.

Es hora de que los nacionalismos centrípeto y centrífugo orienten sus trabajos hacia la consolidación del Estado autonómico, aceptando los nuevos límites marcados por las reformas estatutarias de la VIII legislatura y por las sentencias del Tribunal Constitucional y de que transformen su estrategia de confrontación en una de cooperación y colaboración del Estado y las comunidades autónomas y de estas entre sí.

Si los nacionalismos aceptaran una propuesta semejante a la aquí expresada, el futuro de España estaría garantizado hacia el progreso y la libertad, con un reconocimiento sincero y leal de la diversidad, de la identidad propia de cada comunidad, y sin que ello impida un proyecto común para todos los españoles.

7

EL MODELO DE ESTADO

¿Cuál es el modelo de Estado?: un Estado autonómico. Pero es solo un eufemismo, es un Estado federal, imperfecto por incompleto; incompleto por imperfecto, y construido de manera inversa a como se han construido todos los Estados federales del mundo. Normalmente son las partes diferenciadas las que optan por la unidad. En España hemos partido de la unidad para llegar a la diferenciación de las partes.

Es imperfecto porque el proceso constituyente sigue abierto. Y no solo por el extravagante párrafo segundo del artículo 150 (que permite la transferencia o delegación de competencias que la Constitución hace residir en la Administración del Estado, y ello sin ajustarse a los mecanismos de la reforma constitucional, artículos 166 a 169), sino también por la reiterada apelación a las sucesivas reformas de los Estatutos de Autonomía (artículos 147.3, 148.2, 152.2).

Una vez que la Constitución establece el reparto competencial entre la Administración del Estado y las comunidades autónomas, cualquier modificación debería exigir la reforma de la Constitución. El Estado federal o autonómico está desconstitucionalizado, se pueden ampliar las competencias de las comunidades autónomas hasta el vaciamiento del Estado sin tocar la Constitución. Es lo que viene ocurriendo, con una característica muy singular. Ha sido el Tribunal Constitucional —no el legislativo— el órgano que ha configurado a golpe de sentencias el ordenamiento competencial de Estado y comunidades autónomas. Baste con una cita del jurista Santiago Muñoz Machado: «El Tribunal Constitucional estableció, ante la perplejidad de los demás juristas del mundo, que no era inconstitucional que los Estatutos calificaran de exclusivas las competencias autonómicas sobre materias que la Constitución calificaba como exclusivas del Estado, asegurando que cuando dos competencias sobre la misma materia se califican al mismo tiempo de exclusivas están llamadas a ser concurrentes». Téngase además en cuenta que la Constitución solo aplica el término de materia exclusiva en el caso de la Administración del Estado, no de las comunidades autónomas.

Todo ello debería impulsar al cierre del sistema. Ya sé que se levantarán voces acusando de querer recentralizar. Responden a identidades esencialistas, fundamentalistas, cuyos planteamientos podrían ocasionar la destrucción del sistema.

La constante amenaza de descalificación como centralista, nacionalista español, etc. ha mantenido callados a muchos que están muy inquietos por la deriva autonómica hacia la secesión. El socialista Javier Fernández, presidente del principado de Asturias, uno de los políticos estadistas que quedan, nos recordaba recientemente cómo Thomas Mann en su retiro en Estados Unidos, huyendo de la Alemania nazi, fue investigado por el FBI por sus artículos contra los nazis, muchos de ellos escritos antes de que Estados Unidos entrase en la guerra contra Alemania. Mann fue acusado de «antinazi prematuro», por lo tanto sospechoso de comunista. De igual manera, aquí en España, los críticos al nacionalismo periférico que busca destruir el Estado, son considerados como «antinacionalistas prematuros», luego equiparables a los nacionalistas-españolistas.

Es que los nacionalistas no conciben que puedan existir personas que no sean nacionalistas, bien de uno o de otro nacionalismo. Así han acorralado a algunos políticos de la izquierda hasta lograr que acepten que es compatible ser nacionalista y de izquierda, una falacia más del nacionalismo.

Francesc de Carreras, en una carta abierta que titulaba «Carta a Alfonso Guerra», decía, entre otras interesantes afirmaciones: «Los nacionalistas dirán que tú eres nacionalista español y ellos son nacionalistas catalanes, por tanto que sois hermanos pero de distinta madre: tú de España y ellos de Cataluña. Se equivocan: ellos son nacionalistas y tú no. Nunca lo admitirán pero es así, y la razón, como sabes, es muy sencilla, estaba implícita, y quizá explicita en tus palabras. El nudo de la cuestión está en que nuestros conceptos de nación son muy distintos, radicalmente distintos».

Se refería Francesc de Carreras a una conferencia que pronuncié en Sevilla en la que afirmé que la unidad de España no es otra cosa que la igualdad entre los españoles.

Carreras interpretaba, y vaya si acertaba, que mi discurso iba dirigido «a los nacionalistas y a la izquierda oficial. Ni unos ni otros te darán la razón. Unos porque discrepan radicalmente, los otros porque están confusos y acomplejados, han dejado de pensar hace tiempo, van a rastras de la moda, siempre están pendientes de ganar y perder votos».

Esta es la realidad en la que debemos movernos a la hora de definir qué hacer para lograr el perfeccionamiento del Estado autonómico o Estado federal, que no admite ya muchas alegrías de políticos que solo se preocupan de cabalgar sobre la ola.

8

EL PROBLEMA TERRITORIAL Y LOS PRIVILEGIOS

La elaboración de una Constitución solo se plantea en un país cuando vive una grave crisis, por lo que su redacción se ve sometida a las fuertes tensiones propias de una crisis nacional.

No fue una excepción la situación en la que se procedió a escribir una nueva Constitución para España en 1978.

El marco en el que se movía el constituyente estaba plagado de dificultades que pudieron ser superadas solo por el entusiasmo que derrochaban todos ante la posibilidad de cambiar la historia de su país. Todos querían pasar la página de la dictadura, gris, triste, castradora, que impedía el desarrollo personal y colectivo de la nación.

Se sentía el deseo de consolidar una democracia que emergía con muchos partidarios y algunos enemigos; se sentía la amenaza de un parón radical de aquel proceso mediante un levantamiento militar como en otros tantos momentos de nuestra historia.

Se necesitaba superar una grave crisis económica que asfixiaba a gran parte de la población. El ascenso de los precios (14 por ciento anual) lastraba la supervivencia diaria; el aislamiento comercial encorsetaba la débil industria y mermaba la capacidad de exportación de la producción.

Se tenía consciencia de la necesidad de descentralizar algunas decisiones políticas y económicas. Un pensamiento que estaba muy extendido era que el centralismo del poder durante la dictadura debía relajarse al transitar a la democracia.

Se ansiaba abandonar el aislamiento internacional que padecía España, seguros de que Europa sería de una inmensa ayuda para la transformación que deseaban casi todos.

Pero si todos estos problemas no configuraran un panorama de crisis, el país vivía bajo una espada de Damocles que podía paralizarlo todo. Una organización criminal, ETA, cometía un número elevado de actos terroristas que comenzaron durante la dictadura pero que redoblaron con la llegada de la democracia.

Este es el escenario en el que la realidad impone la necesidad de un proceso constituyente.

¿Puede resultar extraño que al intentar poner de acuerdo a todos los actores políticos en medio de tantas dificultades se cometan errores?

Sí, la Constitución tiene preceptos que se deben, que se pueden rectificar, justamente para defender su vigencia. La mayoría de los errores son menores, no porque no sean importantes, tratándose de preceptos de una Constitución, sino porque no afectan directa y negativamente a los ciudadanos; son errores doctrinales, circunscritos al ámbito de la técnica jurídica, que sin duda deben ser revisados, pero que no han creado situaciones especialmente conflictivas con gran daño a la sociedad española.

Alguno que sí adquiere categoría de gran error de consecuencias indeseadas entonces, indeseables en el presente, está relacionado con una equívoca concepción del Estado de las autonomías.

Como se sabe, lo que se creyó que crearía un Estado unitario autonómico ha derivado hacia un planteamiento secesionista en la línea de creación de un Estado confederal que no está en la letra de nuestra Constitución ni en el espíritu ni la intención del constituyente. ¿Cómo ha podido producirse esa mutación constitucional? Por errores del pasado lejano, por equivocaciones del pasado reciente y por la voluntad separadora de los nacionalismos que llamamos periféricos. Y por la imprescindible complicidad de sectores políticos, profesionales, empresariales, periodísticos, académicos y judiciales que, sin estar a favor de ese proceso, han contemplado con ambiguas reacciones lo que estaba pasando, o se han negado a reaccionar porque «no lo ven tan grave», o incluso han ayudado de manera solapada al desconcierto reinante, han dado alguna legitimidad a un proceso de destrucción del Estado constitucional unitario, que puede desembocar en un caos del que no pueda levantarse España.

La Constitución española ampara unos derechos históricos de los territorios forales (en la disposición adicional primera, DAP) que plantean una confrontación de legitimidades: la legitimidad democrática frente a la legitimidad histórica, la decisión democrática del pueblo en el presente o los derechos que afirman haberles asistido en el pasado; ambas legitimidades son incompatibles y generan unas circunstancias de desigualdad que chocan con el principio de igualdad que recoge el artículo 138 de la Constitución española.

Los derechos históricos eran reclamados por el nacionalismo vasco, el PNV, cuyo concurso era muy querido por los constituyentes, no solo porque se pretendía que los nacionalismos, vasco y catalán, se implicaran en la construcción del Estado democrático, sino también porque estando la democracia amenazada por el terrorismo de ETA, la posición del PNV frente al terrorismo, sin ambigüedades, con determinación, era capital. Todo ello en un contexto de ruido de sables, así se llamaba entonces a la inquietud en los cuartos de banderas por la nueva democracia que, pensaban algunos, no sería capaz de acabar con los asesinatos que se cebaban con crueldad especialmente sobre miembros del Ejército y de las fuerzas del orden público.

Es esta la razón por la que los constituyentes hicieron grandes esfuerzos por comprometer al nacionalismo vasco, aceptando algunas de sus peticiones, que a la postre no sirvieron para que se sumaran al consenso constitucional, lo que ha creado graves problemas a la democracia.

Hemos señalado que la reivindicación de derechos históricos ha sido elemento central de los problemas territoriales. Veamos dónde está el origen de esos supuestos derechos, de dónde arranca el historicismo en el constitucionalismo español.

El historicismo constitucional se encuentra en el discurso preliminar de Argüelles a la Constitución de Cádiz de 1812. Los diputados de Cádiz redactaban una Constitución que liberase al país del absolutismo monárquico, que cortase con el Antiguo Régimen y diese paso a la modernidad. Tomaban como modelo la Constitución francesa producto de la revolución, pretendían la importación de los conceptos de unidad de la nación, de libertad, de igualdad; querían la modernización de la estructura de la nación y la liberación de las conciencias, según el modelo de Francia, pero... estaban sitiados por el Ejército francés que ocupaba casi todo el territorio nacional; así que no podían ofrecer a los enemigos de la libertad el flanco de ser acusados de traidores a la patria por imitar la legalidad francesa al mismo tiempo que el Ejército del emperador invadía España.

La fórmula que se creyó más útil en la embarazosa situación de defender las ideas de los que les sitiaban fue sostener que nada de lo que se propiciaba en el texto de la Constitución era nuevo, nada era importado de otro país, todo estaba ya en las Cortes históricas de España.

Aseguraban que todos aquellos valores habían estado adormecidos, razón que explicaba la decadencia de la nación, y por ello los diputados de Cádiz quisieron despertar aquellos principios, reavivar los antiguos derechos históricos.

Los doceañistas se afirmaban contra la Francia invasora, así que optaron por fundamentar los principios de la Revolución Francesa en la tradición histórica de una democracia castellana más fantasía que realidad. Si en Francia los revolucionarios se enfrentaban al viejo régimen, en la España del doce la construcción del nuevo régimen apelaba a la historia, de alguna manera la fuente de legitimidad era la historia.

Atiéndase, si no, a las primeras palabras del discurso preliminar de Agustín Argüelles: «Nada ofrece la Constitución en proyecto que no se halle consignado del modo más auténtico y solemne en los diferentes cuerpos de la legislación española».

Una pura estratagema para ocultar la verdad, la sustitución del viejo régimen por el nuevo. Esta fue la razón que incorporó el historicismo en el constitucionalismo español. La apelación a la historia, para reivindicar unos supuestos y etéreos derechos históricos, fue retomada por el nacionalismo vasco en los debates constitucionales de 1978, y logran introducirla en el texto constitucional mediante la disposición adicional primera.

El afán que movía a los constituyentes en esta materia era el de conseguir que el nacionalismo vasco (PNV) se incorporase al consenso constitucional. Para lograrlo se aceptó la disposición adicional primera (DAP), según la cual «la Constitución ampara y respeta los derechos históricos de los territorios forales». Se intentó compensar con un segundo párrafo que matizaba: «La actualización general de dicho régimen foral se llevará a cabo, en su caso, en el marco de la Constitución y de los Estatutos de Autonomía».

Durante los debates del texto constitucional se hicieron públicas advertencias de la importancia y aun de la gravedad del precepto que se quería introducir (la DAP), que no fueron atendidas por los constituyentes, centrados en la conquista de la voluntad del PNV de apoyo a la Constitución, siempre en relación con la «autoridad» que el grupo nacionalista pudiera tener cerca de la banda terrorista ETA, para que acabaran con unos atentados que podrían poner en crisis el proceso democrático, además de producir un daño irreparable en sus víctimas.

La más precisa y clara fue la del profesor Manuel García Pelayo, que sería, pasado el tiempo, en 1980, el primer presidente del Tribunal Constitucional. Publicó un artículo en la prensa diaria en el que se oponía al uso del término «derechos históricos», expresión que consideró una «denominación extravagante en nuestra época. Se trata, en efecto, de una expresión anticuada, aparentemente en el espíritu de la escuela histórica del derecho, cuyas tesis constituyen una de las bases ideológicas de los movimientos tradicionalistas y reaccionarios del siglo pasado, frente a las tendencias racionalistas y progresistas». Para añadir como resolución firme que «representa, en fin, la pretensión de substituir la legitimidad racional por la legitimidad tradicional».

Como afirma con agudeza y precisión el profesor de derecho constitucional Javier Tajadura «desde una perspectiva jurídica democrática, los derechos históricos ni existen ni pueden existir, por la razón evidente de que en democracia es el pueblo y sus representantes y no la Historia, la fuente de legitimidad del poder y del derecho».

El resultado de aquel intento de comprometer al nacionalismo vasco en la construcción del Estado social y democrático de derecho no podía haber sido más negativo. No se integraron en el consenso constitucional, preconizaron la abstención en el referéndum de la Constitución, una posición ambigua en un tema tan importante, reiterando su fórmula habitual de actuación política, y han creado un buen número de problemas que afectan a la convivencia de los españoles y pueden llegar a ser el germen de la destrucción del Estado unitario español.

La primera consecuencia es que el reconocimiento que la Constitución hace de los derechos históricos ha generado un régimen fiscal diferente y muy beneficioso para dos comunidades autónomas, País Vasco y Navarra, que perciben unos ingresos mucho más cuantiosos que el resto de las comunidades. La disposición que permite esa discriminación choca frontalmente con el artículo 138 de la C.E., que proclama que «las diferencias de los Estatutos de las distintas comunidades autónomas no podrán implicar, en ningún caso, privilegios económicos y sociales».

Podría, pues, de lo hasta aquí dicho deducirse que la disposición adicional primera es un precepto inconstitucional. A algunos sorprenderá que una norma de la Constitución pueda ser inconstitucional. No hay que rechazar esa aparente incongruencia. Puede suceder —como con el precepto que en el artículo 57 discrimina a la mujer en el orden de sucesión de la Corona, contradiciendo la disposición del artículo 14 que establece «la igualdad de los españoles ante la ley, sin que pueda prevalecer discriminación alguna por razón de nacimiento, raza, sexo, religión, opinión o cualquier otra condición o circunstancia personal o social»— que una norma que contradice un principio general formulado en el mismo texto constitucional pueda incurrir en vicio de inconstitucionalidad.

Para algunos será difícil de aceptar que un artículo que forma parte del texto de la Constitución pueda ser considerado como inconstitucional. Pero la técnica jurídica así lo acredita cuando el precepto se opone a otro que lo sea de carácter general. Los tratadistas alemanes los describen en sus escritos como «norma constitucional inconstitucional».

Tal es el caso de la disposición adicional primera, que por excepción al principio de legitimidad democrática puede ser considerada inconstitucional.

Tanto en el País Vasco como en Navarra se consideró que la DAP les otorgaba la capacidad de extraer cualquier tipo de beneficio en base a los supuestos derechos históricos. Lejos de expresar con claridad y precisión cuáles son esos derechos históricos, en sus respectivos Estatutos los consideraban ilimitados. En el Estatuto vasco una disposición adicional cuarta rezaba: «La aceptación del régimen de autonomía que se establece en el presente Estatuto no implica renuncia del pueblo vasco a los derechos que como tal le hubieran podido corresponder en virtud de su historia que podrán ser actualizados de acuerdo con lo que establezca el ordenamiento jurídico». Es la consagración de la historia como fuente de derechos, sin que se precisen cuáles son estos.

Navarra no quiso ser preterida respecto de la ilimitada fuente de derechos históricos del Estatuto vasco, y en su correspondiente disposición adicional avisaba de que no renunciaba a «cualquiera otros derechos originarios e históricos que pudieran corresponder a Navarra».

El Tribunal Constitucional se opuso a esta interpretación en su sentencia 76/1988 cuando declaró: «La Constitución no es el resultado de un pacto entre instancias territoriales históricas que conserven unos derechos anteriores a la Constitución y superiores a ella». Aunque podría parecer que el tribunal dejaba fuera de la Constitución los derechos históricos, no fue tan claro el pronunciamiento, ya que añadió: «Pues será de la misma disposición adicional primera y no de su legitimidad histórica de donde los derechos históricos obtendrán o conservarán su validez y vigencia».

Sin disminuir todo el respeto que merecen las sentencias del Tribunal Constitucional, no es posible callar la incongruencia de que afirme en la sentencia la legitimidad democrática, que se rechace la histórica, para de seguido apoyar la vigencia de los derechos históricos en una disposición adicional que admite la legitimidad histórica. En este mundo de confusión se ha desarrollado el nuevo modelo de Estado descentralizado.

Derechos que chocan con los principios de igualdad y solidaridad

Todo el intento tenaz e «irrenunciable» por el reconocimiento de los llamados derechos históricos, ¿para qué? El objetivo es constitucionalizar por vía indirecta, la de los imprecisos derechos históricos, un régimen fiscal foral que les proporcione un sistema de financiación diferente al del resto de las comunidades autónomas.

Pero el modelo de financiación foral no aparece en la Constitución, son los nacionalistas vascos los que han decidido que es uno de los derechos históricos irrenunciables.

Más allá del debate acerca de la legitimidad histórica de ese derecho, el asunto central es que chocan frontalmente con los principios de igualdad y solidaridad que establecen los artículos 2 y 138 de la Constitución.

Dado que el concierto económico del País Vasco y el amejoramiento de Navarra suponen unos ingresos fiscales sensiblemente más elevados que los que perciben las otras comunidades autónomas, el deseo de igualación, la propuesta de contar con un concierto semejante era algo previsible.

La visión historicista, la reivindicación de derechos históricos se extendió por contagio al Estatuto de Cataluña y a algunos otros poniendo el acento en los preámbulos y en menos casos en el articulado. Las reformas estatutarias de la VIII legislatura han significado una proliferación de Estatutos que pretenden legitimar la autonomía de sus comunidades en la historia, en detrimento de la soberanía del pueblo español, es decir, de la legitimidad democrática. La conclusión es clara, aunque nadie quiera oírla, los derechos históricos son un concepto que rompe la estructura y el fundamento de la Constitución, es un concepto no constitucional.

Pero la tea del historicismo ya estaba encendida. Los Estatutos de Cataluña, Valencia, Andalucía, Baleares y Aragón hicieron apelación a la historia para legitimar su identidad y su condición de nacionalidad, aunque en algunos casos se corrigieron los extremos más radicales. Un ejemplo diferente, y ajustado a la Constitución, lo representa el Estatuto de Extremadura, en el que no solo no se ampara su autonomía en la historia sino que expresamente se rechaza tal apelación. Así, en el preámbulo se puede leer: «No nos ata el pasado, ni le debemos sumisión, es solo el variado mosaico de nuestra historia. (...) No nos ata el pasado, es nostalgia del futuro lo que sentimos en realidad». En otro pasaje queda aún más clara su apuesta por la razón democrática frente a la histórica: «Pero es la recuperación de la democracia, con la Constitución de 1978, la base sobre la que edificamos la Extremadura del presente y del futuro».

Hemos insistido en que la crisis en que vivía España cuando se elabora la Constitución impulsó a los constituyentes a hacer algunas concesiones que, cuarenta años después, se comprueba que no han servido para lograr el objetivo que las justificaban, la implicación de los nacionalistas en la construcción del Estado y la búsqueda de una completa complicidad del nacionalismo vasco en la lucha contra el terrorismo de ETA. Han pasado cuarenta años y junto a la satisfacción de haber terminado con el terrorismo, no se puede compartir en el terreno de la consolidación del Estado autonómico la deriva confederal que ha tomado la descentralización, que supone un peligro para la supervivencia del Estado constitucional.

La amenaza no parece ser percibida con claridad. A pesar de la evidencia de la rebelión contra la Constitución de los rectores políticos de los nacionalismos periféricos, no aparecen propuestas concretas para terminar con esta situación. Se reitera una disposición de diálogo con los que han saltado todas las barreras jurídicas y democráticas que todo ciudadano debe respetar, cuanto más quien ostenta la autoridad. Pero serán pocos, casi ninguno, los que estén dispuestos a tomar el asunto con la efectividad que merece su peligro.

Es preciso recurrir al único sistema que queda para solventar el conflicto: la reforma de la Constitución, pero quizás no lo sea en el sentido que propugnan algunos, esto es, una política de apaciguamiento con los que violan las normas constitucionales. ¿Se trata de entregar más poder y recursos para que ofrezcan una tregua en sus reivindicaciones máximas de independencia?

Uno de los problemas es que las principales fuerzas políticas, de la izquierda y de la derecha, muestran un insólito interés, hasta entusiasmo, por los derechos históricos, producto de una tradición reaccionaria. La práctica de lo políticamente correcto tiene sellada la boca de populares, socialistas y populistas, todos amparando con su silencio una visión historicista del Estado que desconoce la construcción de una nación plenamente democrática. Repiten con insistencia que la única salida a los problemas territoriales es la de un Estado federal sin comprender o conocer que ese modelo de Estado está fundamentado sobre el principio de igualdad que se da de bruces con la desigualdad que provoca someter a los ciudadanos a un historicismo ventajista, capaz de extraer del arcano «derechos históricos» las más lacerantes desigualdades.

Estamos ante un escenario político enervante, defender los derechos históricos se considera un signo de progreso, reclamar que los titulares de los derechos son las personas, no los territorios, y que la voluntad de los ciudadanos no puede ser rehén subordinado a la historia, como un ejemplo de centralismo conservador. Es el mundo vuelto del revés y aunque algunos lo ven y lo lamenten, son pocos los que se atreven a explicitarlo por miedo a recibir el anatema descalificador desde los ámbitos políticos e intelectuales.

9

EL DELIRIO

El título VIII de la Constitución («De la organización territorial del Estado») ha sido el gran éxito de la norma fundamental y también su mayor fracaso. Éxito porque la estructura territorial que organiza ha sido interiorizada totalmente, y en escaso tiempo, por la población española; fracaso porque ha dado lugar a la más grave tensión secesionista de nuestra historia.

Hace cuatro décadas, en 1977, España era uno de los países más centralistas del mundo. Un año más tarde el Parlamento redacta y aprueba una Constitución cuyo título VIII convierte en pocos años a España en uno de los tres países con mayor grado de descentralización del mundo. Unos años después, una de las entidades autónomas decide la secesión, la separación de España, la independencia. Y lo hace violando todas las leyes, la primera la Constitución.

La pregunta pertinente es: ¿cómo hemos llegado hasta aquí? Intentemos responder con la mayor objetividad.

Al final de la dictadura del general Franco, los grupos políticos ilegales entonces exhibían en sus protestas callejeras carteles que exigían «libertad, amnistía y Estatuto de Autonomía», especialmente en Cataluña.

Cuando se recupera la democracia se produce una reacción en la derecha, sabedora de que esa bandera estaba en manos de la oposición, comprende que una posición de resistencia a esa reclamación le reduciría los apoyos de los ciudadanos. Por su parte, los grupos de oposición, los no nacionalistas, contemplan cómo en otras regiones donde nunca existieron grupos basados en la identidad regional, van apareciendo partidos políticos que quieren disputar a socialistas y comunistas la hegemonía vistiéndose con la bandera de la región.

El movimiento político que exige una descentralización del poder se intensifica en Cataluña y Euskadi, pero pronto, antes de la aprobación de la Constitución, van surgiendo otras reclamaciones que logran un apoyo muy importante. El 4 de diciembre de 1977 se convoca en Sevilla una manifestación para reclamar la autonomía que reúne a una asombrosa multitud.

El primer esfuerzo de dotar al proceso de una solvencia que evitara los excesos fue sondear la posibilidad de recuperar legislativamente los Estatutos que habían sido aprobados durante la República en 1932 y 1936 de Cataluña y Euskadi; y examinar con tiempo y con un análisis riguroso la extensión de las medidas descentralizadoras. El Gobierno creyó que la restauración de la legalidad republicana podría generar el rechazo de los mandos militares en un momento en que la democracia distaba mucho de estar consolidada.

Así que se optó por establecer, mediante un principio dispositivo, que todas las provincias tuviesen la posibilidad de agruparse en comunidades autónomas, pero distinguiendo a las que habían gozado de un Estatuto en el pasado, a las que se les facilitaba el procedimiento de constitución y la inmediatez en cuanto a contar con las máximas competencias contempladas en el reparto que establece la Constitución. Para las demás, el proceso exigía unos determinados requisitos y deberían esperar cinco años para alcanzar las competencias de las que gozaban desde el primer momento las que fueron llamadas periodísticamente «nacionalidades históricas». Este escalón en el rango complacía a vascos y catalanes. Las comunidades fueron constituyéndose, Andalucía optó mediante referéndum por el, llamémosle, primer nivel y el paso del tiempo, cinco años, produjo la igualación de todas la comunidades. Esta nueva realidad hizo que vascos y catalanes pretendieran modificar sus Estatutos, de los que se habían sentido orgullosos, pero ya no les resultaban suficientes.

Para entender la importancia de las nuevas reclamaciones que llegan hasta la independencia es conveniente recordar que en la elaboración de la Constitución los nacionalistas habían asegurado su lealtad. Con motivo de la presentación de una enmienda que pretendía el reconocimiento del derecho de autodeterminación, los nacionalistas hicieron una tranquilizadora declaración durante el debate. El portavoz de la Minoría Catalana, Convergencia i Unió o PDeCAT fue claro: «Nosotros quisiéramos decir a la sala que la autodeterminación es un método, no es un fin; es una manera de alcanzar unos resultados. Y en este sentido nosotros ya nos hemos autodeterminado. Nosotros somos partidarios de esta Constitución, que hemos votado y votaremos hasta el final, y somos partidarios de la autonomía y de los estatutos que este Parlamento, en su momento, votará, y de nada más, absolutamente nada más. Y nuestra autodeterminación nos lleva a este resultado y solo a este resultado (...). Dicho esto, quisiera también decirles por qué no hemos votado la enmienda del señor Letamendia. No hemos votado la enmienda del señor Letamendia por razones obvias, porque nos ha parecido que la enmienda del señor Letamendia prejuzgaba un separatismo, que su autodeterminación llevaba un objetivo final separatista, que evidentemente no es el nuestro».

Los constituyentes creyeron entender que podrían contar con la lealtad de los nacionalistas; visto el recorrido posterior hay que concluir que se pecó de ingenuidad, sobre todo, conociendo la trayectoria del nacionalismo en 1931 y 1934. Cualquiera puede preguntarse: ¿los nacionalistas catalanes mentían cínicamente al afirmar que en su objetivo no figura la independencia o es que han traicionado sus propios principios? Cualquiera que sea la respuesta nos coloca ante una fuerza política en la que se ha perdido la confianza.

Retomando el hilo de los acontecimientos, el Gobierno de España impulsó una ley, que fue aprobada con un amplio apoyo, la LOAPA (Ley Orgánica de Armonización del Proceso Autonómico) que fue combatida por los nacionalistas. Presentaron un recurso ante el Tribunal Constitucional que, sin atender a la potestad armonizadora que otorga el artículo 150.3, declaró inconstitucional una parte considerable de la ley. Y a partir de aquí algunas comunidades autónomas decidieron actuar forzando siempre la línea competencial de la Constitución, arrogándose competencias de exclusiva titularidad del Estado, como relaciones exteriores.

Al compás de la radicalización nacionalista se produjeron dos posicionamientos que vinieron a complicar aún más las cosas. El líder de la derecha española, Manuel Fraga Iribarne propuso que las actividades de la Administración del Estado fuesen todas ejecutadas por la Administración autonómica, concentrando todas las intervenciones públicas en una Administración única, lo que significaba la desaparición de la presencia del Estado, en la práctica la anulación del Estado. Una propuesta tan radical espoleó las intenciones de los nacionalistas.

La otra propuesta que estimuló las ansias descentralizadoras de los nacionalistas fue la declaración de Rodríguez Zapatero, entonces candidato socialista a la presidencia del Gobierno, comprometiéndose, en un discurso en Barcelona, a que el Estatuto que estaba en proceso de reforma sería respetado íntegramente en las Cortes Generales tal cual lo redactaran lo diputados en el Parlament. Los nacionalistas creyeron que podían elevar el listón sin límites pues el clima parecía permisivo. En Euskadi presentaron el Plan Ibarretxe, que fue rechazado en el Congreso, y en Cataluña un proyecto de Estatuto que desbordaba la Constitución en más de la mitad de los artículos. El Congreso introdujo un centenar de correcciones y lo aprobó con la sospecha de que aún quedaban artículos con viso de inconstitucionalidad.

Al Tribunal Constitucional llegaron varios recursos que fueron examinados con una lentitud que exasperó a muchos; unos y otros impugnaron a los magistrados que creían más alejados de sus tesis y cuando por fin apareció la sentencia ya todos habían perdido la confianza en un proceso de reforma estatutaria que adoleció de todos los errores políticos posibles desde el inicio hasta el final.

Fue entonces cuando los nacionalistas hicieron un giro inesperado, abandonaron la vía autonómica y se entregaron a un *agitprop* para forzar un referéndum en favor del derecho a decidir, la autodeterminación, la independencia.

Claro está que los dirigentes nacionalistas conocían las disposiciones de la Constitución española, que en su artículo segundo dice: «La Constitución se fundamenta en la indisoluble unidad de la nación española, patria común e indivisible de todos los españoles...».

Y en el artículo 92: «El referéndum será convocado por el rey, mediante propuesta del presidente del Gobierno, previamente autorizado por el Congreso de los Diputados».

¿Buscando impunidad para la corrupción?

El momento en el que deciden cambiar de objetivo, pasar de la autonomía a la independencia, coincide —curioso— con el proceso judicial abierto contra un numeroso grupo de dirigentes nacionalistas. Son las secuelas del conocido 3 por ciento, la cantidad que al parecer —así se fundamentó en la acusación y está corroborada por muchos de los acusados— exigían a toda empresa que contratara con la Administración autonómica. No son pocos los que interpretan que el salto al vacío del independentismo no es más que el último recurso para mantener la impunidad de sus delitos de corrupción. Las actividades delictivas de los dirigentes de Convergencia i Unió ofrecieron una escena teatral unos años antes que revela la catadura moral de los personajes. Cuando en 1980 los nacionalistas ocuparon la Generalidad (Generalitat) elevaron a la presidencia a Jordi Pujol, una suerte de patriarca del nacionalismo. Al mismo tiempo dos fiscales hallaron indicios de delito en la administración de Banca Catalana que había estado presidida por Pujol. El procedimiento judicial terminó con la absolución del presidente. Jordi Pujol aprovechó para salir al balcón de la plaza Sant Jaume a acusar al Gobierno de España de haber montado una persecución política contra él. Y fijó con contundencia que la ética en política era una exclusiva suya. Gritó: «El Gobierno central ha hecho una jugada indigna. Y a partir de ahora, cuando alguien hable de ética, de moral o de juego limpio, hablaremos nosotros, no ellos». En aquel momento ya tenía oculta en un paraíso fiscal la fortuna que le sería descubierta veinte años después. La escena era groseramente teatral: Barrabás en la tribuna arengando a la multitud de fanáticos acerca de la moral. El delirio dominando todo el paisaje político, disfrazado de integridad y servicio a Cataluña. Envuelto en la señera para acopiar una fortuna para la familia. Un ejemplo preciso de la falsedad nacionalista.

Pero no podría explicarse el asalto al Estado, la conversión al independentismo solo por la necesidad de tapar la corrupción. La crisis económica que afectó a España a partir de 2008 puso de manifiesto que vivíamos un momento de debilidad del Estado, con la presión de la Comisión Europea para que el país transitara por la senda de la reducción del gasto mediante recortes sociales que generaron un empobrecimiento de la población con el consiguiente malestar social. Especialmente afectados los jóvenes que se rebelaron contra la situación sin futuro para sus vidas, negando estar representados por los políticos que habían sido elegidos por sufragio popular. El nacionalismo catalán encontró un momento propicio por la debilidad que mostraba el Estado; le servía también para desviar hacia el Gobierno de España la responsabilidad de los recortes sociales que estaba realizando la Generalidad (Generalitat). Redobló así su habitual política de victimismo que tanto fruto le ha proporcionado. Ya dijo Josep Pla que: «El catalán, genéricamente hablando, tiende al estado agradabilísimo de ser víctima».

La explicación histórica nos revela que el nacionalismo catalán había intentado romper la unidad de la nación en, al menos, dos ocasiones anteriores, aprovechando acontecimientos que, sin relación con la organización territorial del Estado, colocaban a este en situación de debilidad. La proclamación de la Segunda República fue aprovechada de manera oportunista para proclamar el Estado catalán en 1931; y los desórdenes provocados por la Revolución de Octubre les sirvieron para declarar, una vez más, el Estado catalán en 1934. Es notorio que el nacionalismo haya intentado desestabilizar al Estado solo en las ocasiones en que el pueblo español, incluyendo, claro está, al pueblo catalán, ha tenido la oportunidad de perfeccionamiento y progreso respecto de otras épocas históricas. Se sublevaron contra la República, en 1931 y 1934; y lo hacen ahora contra la democracia constitucional que ha proporcionado los mejores años de la historia de España en varios siglos. Sin embargo, el nacionalismo se adapta a la sumisión en los regímenes autocráticos.

Tres intentos de golpes de Estado en un siglo

La actividad del nacionalismo contra la estabilidad del sistema democrático les ha servido para extender el infundio de que existe un problema de Cataluña con España; la realidad es que se trata de un conflicto entre catalanes, y del nacionalismo que habla de superioridad moral y hasta genética. El fanatismo religioso les hace incurrir una y otra vez en la deslealtad con el conjunto de catalanes y la totalidad de los españoles. Lo anunció Lluís Companys: «Volveremos a luchar, volveremos a sufrir, volveremos a vencer». Una promesa del paraíso perdido que nunca existió.

Tres intentonas de golpes de Estado en un siglo no es una marca que deban olvidar los demócratas al establecer las relaciones con unas formaciones políticas siempre dispuestas a romper el pacto de lealtad y confianza que significa una Constitución democrática. Los dirigentes nacionalistas parecen estar situados en una suerte de delirio paranoide: «Síndrome atenuado de la paranoia, caracterizado por egolatría, manía persecutoria, suspicacia y agresividad». No es posible encontrar un más ajustado retrato.

En un Parlament, que desdecía su función, los nacionalistas aprobaron la Ley de Referéndum y la de Transitoriedad Jurídica y Fundacional de la República Catalana, los días 6 y 7 de septiembre de 2017. Era el comienzo de un golpe de Estado a cámara lenta *ma non troppo.* Se burlaron los derechos de los diputados de la oposición, se violó la legalidad, la de España y la de Cataluña y se pisoteó la Constitución contra el criterio de los letrados del propio Parlament. Era el momento de la aplicación, en legítima defensa de la democracia, del artículo 155. Pero el Ejecutivo de Mariano Rajoy no lo hizo, y hubo de ser el rey quien, a través de un discurso en la televisión denunciara la horrenda maniobra de los nacionalistas. El Gobierno quedó así emplazado para intervenir. Y lo hizo tras la declaración solemne de la independencia en forma de república. Anunció la aplicación del artículo 155, sin afectar a TV3, la televisión autonómica catalana, que se volcó a favor de los independentistas en la inminente campaña electoral de los comicios convocados por el Gobierno para el 21 de diciembre. El presidente de la Generalidad (Generalitat) se fugó con algunos consejeros a Bélgica, pues conocía que el partido ultranacionalista del país le protegería e incluso haría causa común en la denigración de España y su democracia. Ya lo ha hecho otras veces. Hay situaciones que se repiten: Puigdemont, cual Antonio Pérez redivivo, actualizando la leyenda negra de España, cual Pujol-Barrabás, dando lecciones de ética desde su cobardía de no responder ante los tribunales de sus actos y empujando a la cárcel a la mitad de su Gobierno. ¿Se puede encontrar un ejemplo de mayor bellaquería?

La reacción llegó en forma de una multitudinaria manifestación pública de catalanes que portaban banderas constitucionales. El sectarismo suicida de los nacionalistas ha impulsado a muchos españoles a reconciliarse con su identidad como forma de expresar su rechazo de la manipulación y la mentira.

El nacionalismo catalán ha cimentado su política sobre la falsedad para explicar la historia y la actualidad. Cuentan con un ramillete de historiadores dispuestos a manipular cuanto precisen en un intento desesperado de dotar al discurso nacionalista de una mínima explicación. En el siglo XXI pretenden convencernos de que la Guerra de Sucesión del siglo XVIII fue una guerra de España contra Cataluña; de que la Guerra Civil de 1936-1939 no fue tal, sino una guerra que libró España contra Cataluña; de que España les roba, aun cuando ha quedado descubierto que los ladrones estaban en sus filas; de que España no es una democracia; de que Europa les acogería como un nuevo Estado, etc., etc.

El nacionalismo ha metido a los catalanes, a todos los españoles, en un difícil pandemónium, del que no se sabe cómo salir. En Cataluña no se detiene el despropósito: gobernantes que no gobiernan, medios de comunicación que incumplen su misión de difundir la verdad de los hechos, responsables políticos incapaces de asumir las consecuencias de sus actos, permanente recurso al victimismo y una población abandonada por los gobernantes atentos solo a sus juegos narcisistas.

Para escapar del embrollo, para superar el conflicto entre catalanes algunos reiteran la necesidad del diálogo, pero los dirigentes nacionalistas no prestan oído a esas propuestas, ellos siguen su consigna: «Atacar al Estado». Cuando el señor Torra, presidente de la Generalidad (Generalitat) incita a los violentos de los CDR a incrementar sus acciones está actuando como jefe del Somatén resucitado para la ocasión, un indicio más del carácter facistoide del grupo independentista.

La situación del proceso catalán, el *impasse*, queda bien reflejada en unas líneas del magnífico libro de Jordi Canal *Con permiso de Kafka*, en las que comienza con una cita y seguidamente nos sitúa en el momento de inestabilidad que se vive en Cataluña y en toda España:

> El proceso, ha escrito Félix Riera en *Just abans del salt endavant* (2017), «que tenía que aclarar la cuestión catalana para los próximos cincuenta años, e incluso para siempre, se ha convertido en un laberinto, del que ahora no se sabe salir». Tras las elecciones del 21-D, muchas cosas han seguido igual o incluso han empeorado en

Cataluña. Continúa el bombardeo mediático del independentismo, la ocupación partidista del espacio público, la vulneración o el intento de saltarse las leyes, el viaje a ninguna parte, la ausencia de una acción de gobierno efectiva, las mentiras del independentismo, la irresponsabilidad —nadie desea aceptar las consecuencias, penales o no, de sus actos, como han mostrado muchas de las comparecencias ante los jueces—, el victimismo. El proceso no ha terminado.

El proceso, como ha escrito Francesc de Carreras, necesita de un auténtico político de las filas nacionalistas que esté dispuesto a volver al sentido común, aunque «será combatido y acusado de traidor. Pero habrá hecho un servicio a su país, no solo a los suyos sino a todos, como debe hacer un buen gobernante».

La solución exige un cambio de actitud del nacionalismo. Cuando la intentona de octubre de 1934, el director de *La Vanguardia*, Agustín Calvet conocido por su seudónimo Gaziel, escribió: «Todo se ha perdido, incluso el honor». «La culpa capital, la causa suprema de nuestra desventura, se debe a nosotros, a los catalanes todos, a Cataluña en peso y muy especial a sus partidos políticos más representativos». «No busquemos, pues, ninguna explicación absurda a nuestro infortunio, ya que la única y principal es muy clara. Los culpables de cuanto le ocurre a Cataluña somos los catalanes». «Que nos sirva esta clara lección: solo po-

dremos triunfar en España yendo todos los catalanes fuertemente unidos… y además sólidamente abrazados con el mayor número posible de españoles hermanos».
Así sea.

10

PATRIOTISMO

La evolución histórica de cada país deja huella en la interiorización de los conceptos culturales de los seres humanos que lo habitan. Esos condicionantes exigen, a veces, un largo tiempo para sanar las deformaciones y taras que implica una deficiente convivencia. Es esta la razón que justifica la afirmación de que la acción de los gobernantes marca no solo a sus contemporáneos, sino también a algunas generaciones posteriores.

El caso de España resulta paradigmático, junto a Alemania. El nuestro es un país en el que no existe una clara identificación con el patriotismo. Durante casi medio siglo el concepto fue pervertido por la actuación de unos ilegítimos gobernantes que reclamaban para sí todo el amor a la patria y motejaban de antiespañoles a todos los que no aceptaban las normas totalitarias del poder. La patriotería vulgar en la retórica cotidiana del poder envilecía el término patriotismo, del que huían los demócratas, por temor al contagio o la confusión con la prosopopeya de los dictadores. Así, durante cuarenta años de discursos reiterados llenos de una falsa sentimentalidad, se fue incubando una resistencia a la más tenue declaración de patriotas.

Recuperada la democracia, desmontado el edificio ideológico fraudulento de la pomposidad de la dictadura, era el momento de la reconciliación con sentimientos muy queridos en otras naciones, como el amor y el respeto por la patria común. Pero los efectos de la educación durante tantos años habían hecho estragos en la conciencia de muchos españoles.

Los conservadores no tuvieron serias dificultades en la recuperación de declaraciones patrióticas, pero sonaban demasiado a la patriotería del periodo anterior, traían consigo el aroma de las manifestaciones impostadas, falsas, de los ampulosos hombres de la dictadura.

En los sectores progresistas el uso de las palabras ligadas a la alabanza de la nación, las expresiones patrióticas les traían recuerdos que querían olvidar. Las humillaciones sufridas durante años «al servicio de la patria» no les permitían sentir con la naturalidad necesaria como para que no resultara artificioso, simulado. Se comprende la resistencia de los que hubieron de soportar las imposiciones de un régimen totalitario.

Han pasado ochenta años de aquel enfrentamiento bélico, y cuarenta años después de disfrutar de una democracia libre y tolerante, las jóvenes generaciones, especialmente aquellos que se consideran a sí mismos como progresistas o de izquierda, no logran librarse completamente de aquellas sensaciones, convertidas hoy en prejuicios que envenenan la normal convivencia de una nación.

La celebración del cuadragésimo aniversario de la Constitución de 1978 es una magnífica ocasión para que los españoles se despojen de prejuicios y recelos, y comiencen a sentir y manifestar su amor por España, si no lo hacen ya.

Se ha instalado en nuestro país un curioso contrasentido que nadie quiere desvelar. Si se observa lo que los españoles de cada comunidad autónoma piensan de su historia, la de su comunidad, se comprobará que en todos los casos (baste leer los preámbulos de los Estatutos de Autonomía) están llenas de héroes, poblaciones abnegadas, trabajadores ejemplares; pero si se les demanda su consideración de España, ya son muchos los que, de una forma u otra, reniegan de su historia. Es curioso, y aberrante, que se crea ejemplar la historia de cada parte que compone España, pero se repudie la suma de todas ellas. Se ha instalado una suerte de exaltación de la «patria chica» y un rechazo de la patria común. Catalanes, gallegos, andaluces, vascos, valencianos, etc. escriben en sus Estatutos verdaderas «hagiografías» cuando se trata de describir su historia, pero niegan los mismos valores al conjunto de todos ellos, cuando lanzan una mirada a la historia de España. ¿De verdad no se percatan de que la historia de España está escrita por todos ellos? Es manifestación de un conjunto de prejuicios de los que no se han liberado algunos, y es hora, al cumplirse cuarenta años de una Constitución democrática y libre, de despojarse de ellos para siempre.

En Alemania, la generación que alcanzó la edad adulta después de la Segunda Guerra Mundial no quería identificarse con la generación anterior, no se sentían parte de la nación nacionalsocialista, del horror del Holocausto, no encontraban ligazón alguna con aquella patria. Ya en el año 1979 el politólogo alemán Dolf Sternberger acuñó el término *patriotismo constitucional,* que difundiría y desarrollaría el filósofo Jürgen Habermas. El nuevo concepto intenta superar la carencia de empatía con la Alemania de posguerra. Anclado en el viejo sentimiento republicano, la aceptación de la patria —contaminada por un pasado que rechazaban— se realiza a través de los valores republicanos que manifiestan su compromiso con los ciudadanos en el texto de la Constitución. Son los valores democráticos que aseguran una convivencia pacífica y respetuosa de los derechos de todos.

En España, la urgencia de la reconstrucción de la democracia en el país hizo que todos los esfuerzos y las preocupaciones se dedicasen a la consolidación de una sociedad democrática y a la construcción de un Estado harto debilitado, si no arrasado por el pasado reciente.

Esta necesidad postergó la construcción de la nación española, lo que ha sido aprovechado por los nacionalismos de toda laya.

El amor a la patria no puede ser una exclusiva de la derecha

El futuro de la nación española necesita de un sentimiento nacional. Amar a la patria tiene que dejar de ser un emblema de la derecha reaccionaria que durante años expropió al conjunto de los españoles de conceptos que son de todos. Las personas con pensamiento libre, abierto no pueden seguir regalando el concepto de España a los sectores más reaccionarios. España es de todos y si no es reivindicada por los progresistas, seguirá aprisionada en el aprisco de la más conservadora derecha.

Creer y defender los valores de la Constitución favorece una sociedad unida y solidaria. Es la hora de despojarnos de viejos escrúpulos y sincerarnos en nuestro afecto por España y su futuro, que es el del pueblo español.

11

¿EXISTE ESPAÑA?

En las *Meditaciones del Quijote* el filósofo Ortega y Gasset se preguntaba: «¿Qué es España?». Bueno, él lo hacía más castizamente: «¡Dios mío, ¿qué es España?!».

Si buscamos la respuesta de los expertos, de los especialistas en historia de las naciones, nos dirán: España es una invención. No acepto una réplica que pretende valer para muchas naciones, y por ello, no sirve para ninguna, al menos no sirve para la nuestra.

Es cierto que la construcción de la identidad española a comienzo del siglo XIX dota a la nación de un espíritu liberal democrático nuevo, desconocido hasta entonces, pero lejos de asemejarse a una invención, es el fruto, a veces amargo, a veces dulce, de la historia de una comunidad que ha compartido siglos de esfuerzos e ilusiones.

Las naciones están forjadas con la sangre de sus moradores. Bien lo postula Antonio Machado sobre España, a la que sitúa, por una parte en su sentido espacial, «el trozo de planeta asignado a un pueblo», y de otra en su sentido temporal, como el desarrollo de una historia, un argumento lleno de pasiones, de padecimientos comunes que hubieran de consumarse para acabar de pasar.

España aparece en Machado como algo substancial, no como un esquema de pensamiento abstracto sino como sentimentalidad poética, como expresión colectiva de un hacerse, donde pasado y porvenir se iluminan con la figura siempre esperanzadora de un futuro abierto. Es lo que dicen los versos del «Dios Ibero»:

¡Qué importa un día! Está el ayer alerto
al mañana, mañana al infinito,
hombres de España, ni el pasado ha muerto,
ni está el mañana —ni el ayer— escrito.

El término España está en desuso para una parte de la población. Es cierto que la dificultad para reconocerse en su naturaleza, sustituyendo España por el Estado o por nuestro país, se ha visto reducida en fechas recientes ante el intento de destrucción de la democracia territorial por el nacionalismo catalán. Muchos españoles, espoleados por el golpe a la democracia, se han reconciliado con España y aun con su bandera.

Debemos congratularnos con esta evolución, pero no está el campo aún despejado. La patrimonialización del concepto España por los que vencieron en una guerra de españoles contra españoles ha lastrado la convivencia de muchos con su propia patria, al menos en el terreno sentimental. Aún se utiliza en nuestra realidad el gentilicio español —con su variante españolista— como una imputación despreciativa.

La peculiaridad de esta autonegación cobra mayor relevancia cuando comprobamos que no se dan estas inquietudes en los países-estados-naciones semejantes al nuestro. Anotemos esta característica, en España hay españoles que niegan serlo.

Puedo comprender los escrúpulos de los de mi generación, que hubimos de soportar cada mañana y cada tarde en la escuela los gritos de rigor y los cánticos de la dictadura, pero han pasado ochenta años, cuarenta de ellos bajo el amparo de una Constitución democrática, abierta, moderna. Ya es hora de superar la niebla del franquismo, es hora de abandonar la lucha contra las sombras, sobre todo por los que no conocieron aquella dictadura.

Existe un consenso general entre los intelectuales que se ocupan de la realidad conceptual de España —hoy muy activos debido al desafío nacionalista— en que no es posible hablar de España hasta la Constitución de Cádiz de 1812. Tal pronunciamiento es una verdad incompleta, porque se necesita aclarar que se está hablando de España como nación moderna, como ocurre con todas las naciones, dado que este concepto jurídico aparece en la historia con la Revolución Francesa de 1789 y la Constitución que de ella se deriva. Todas las naciones aparecen —en el concepto moderno de nación— a partir de aquella fecha, por lo que no es un argumento que pueda utilizarse para alcanzar una legitimidad histórica superior. En algunas regiones (nacionalidades en los términos que utiliza la Constitución española de 1978) se reivindica una legitimidad histórica en base a su existencia como nación en 1261 (Fuero de los Reinos de Valencia) o en 1423 (Compilación de Constituciones catalanas) frente a lo que consideran reciente construcción de la nación española (1812).

Mi intención es mostrar que la comunidad España existe desde los más lejanos tiempos y que ha dado muestras durante muchos siglos de una fortaleza extraordinaria en cuanto al mantenimiento de los vínculos que han hecho permanecer unidos a los españoles superando invasiones externas y enfrentamientos interiores.

Durante siglos se ha intentado definir qué es España. Como nos recuerda Fernando de los Ríos la primera mención que se conoce procede de Aristóteles, que en su libro la *Política, en passant,* dice: «Los íberos, pueblo guerrero…».

Más tarde, en el siglo I a.C., el gran geógrafo Estrabón escribió: «Los íberos viven en pequeñas comunidades porque —atención a la palabra que puede haber marcado nuestra historia— su orgullo les hace imposible reunirse en una comunidad grande y fuerte».

Dos siglos después, en el I de la era cristiana, el más grande historiador de la Galia Narbonense, Pompeyo

Trogo, dice: «Los españoles tienen bien preparado el cuerpo para la abstinencia y la fatiga, y el ánimo para la muerte. Son de una frugalidad dura y austera; prefieren la muerte a la deslealtad con el amigo», y concluye con estas estremecedoras palabras: «Prefieren la guerra al descanso; de modo que si les falta enemigo extraño lo buscan en casa».

Plinio, en su *Historia natural* dice: «Solo hay dos pueblos preeminentes, Italia y España».

¿Y de dónde proceden los nombres, Iberia, España? Iberia es derivado del hidrónimo Iber, que parece que corresponde al actual Tinto-Odiel. España, del precedente *I-schepan-im*, de origen semita, de significado doble en la interpretación histórica, costa de los conejos o isla de los metales. Su versión latina será Hispania y posteriormente en romance, España.

Avanzando en el tiempo y en las citas que nos conciernen como pueblo y que intentan desentrañar qué es España, encontramos un enigma en las palabras que escribiera en una carta Stendhal, uno de los grandes de la literatura universal: «Porque todos los hombres tenemos algo de español». ¿Qué quiso decir Stendhal, qué de universal contiene el ser del español? Fernando de los Ríos, uno de los hombres que mejor ha entendido el espíritu español, durante su estancia en la Universidad de Jena, en Alemania, se acercó a la vecina ciudad de Weimar, lugar de residencia de la hermana del filósofo Nietzsche, y se interesó acerca de si el gran filósofo había hablado de España en alguna ocasión. Su hermana le relató cómo un día en que se hablaba de España, cuando Nietzsche ya estaba muy enfermo, dijo: «¡España! ¡España es un pueblo que ha querido demasiado!».

En plena guerra mundial, la primera, Henri Bergson (1859-1941), premio nobel de literatura, visitaba Granada. Contemplaba la puesta de sol desde el jardín de los Adarves, la blancura de Sierra Nevada, la coloración dorada de las montañas en contraste con el verde de la vega. Impresionado por la grandeza estética del momento dirá: «Al terminar la guerra renacerá la visión de la vida que tiene España».

Cuando en 1928 aparece el libro del filósofo alemán Hermann Keyserling (1880-1946) *Europa: análisis espectral de un continente,* se pudo leer: «España puede tener una importancia extraordinaria en el mundo nuevo que nace. España puede ser un polarizador; es el contrapunto del intelectualismo del siglo XVIII. Y, de esta suerte, España se hace contemporánea».

De nuevo la clave nos la dará Fernando de los Ríos —mi acreedor principal en mi concepción de España—. Él encuentra en las palabras de Keyserling la respuesta a Bergson, la crisis del racionalismo y el renacer del espiritualismo: «Se trata de todos los fundamentos encarnados, de los problemas originarios de la vida, de la fe, de la sangre, de lo trágico, de la apostura de don Quijote como el más alto símbolo humano. Ya está también aquí la respuesta a Stendhal. Todo el mundo tiene algo de español en la medida en que participa en el símbolo de lo español, que es lo quijotesco». Termina Keyserling afirmando que: «En lo ético, España se encuentra a la cabeza de la actual humanidad europea. El español es cultura ética hecha carne».

Es oportuno considerar aquí que *El Quijote* es una novela; sí, pero debido a la trascendencia que adquiere, es también un substantivo que designa a quien «antepone sus ideales a su conveniencia y obra de forma desinteresada y comprometida en defensa de causas que considera justas». (RAE).

Lo que para algunos define el genio de lo imposible del español queda prístino en la defensa de la libertad que hace el hidalgo: «La libertad, Sancho, es uno de los más preciosos dones que a los hombres dieron los cielos: con ella no pueden igualarse los tesoros que encierra la tierra ni el mar encubre: por la libertad, así como por la honra, se puede y debe aventurar la vida y, por el contrario, el cautiverio es el mayor mal que puede venir a los hombres» (II, LVIII).

En una visita a España del escritor británico Chesterton, se detuvo en los campos de Castilla a conversar con unos campesinos que tomaban una comida frugal. Apreció que lo hacían con tal elegancia, con tal dignidad, que le hizo estallar en una frase extraordinaria: «¡Qué cultos son estos analfabetos!». Era el fruto de la tradición milenaria. La asunción de todas las culturas que han pasado por el suelo español, dejando un poso de cultura y dignidad. He podido comprobarlo en mis encuentros con personas muy humildes socialmente pero con una especial sabiduría. Cultivé durante años, hasta su muerte, la amistad con un viejo pescador de Conil de la Frontera, Ángel Lobón, reconvertido a la fuerza, por las palizas que recibió en los años de posguerra, en cazador furtivo. Su conversación era un placer por la riqueza del lenguaje, el mejor castellano que he escuchado nunca.

He dicho que son muchas las culturas que se han fundido en lo español, son muchas las sangres que se han mezclado con la nuestra.

La historia de la cultura del mundo permanece en los cementerios de las civilizaciones, donde yacen enterradas las culturas muertas siempre a la espera de que las descubramos. Entre ellas la cultura de los tartesios, con su centro en Andalucía, entre Sevilla y Cádiz, en la desembocadura de nuestro río. Allí se inicia nuestra cultura, en Tartesos, ¿nominada, como sostienen algunos, como Tarsis en la Biblia?

Nace, pues, la cultura de nuestra tierra cuando aún no había otras en Occidente, en las llanuras del delta del Guadalquivir entre Sevilla y Cádiz. Decía el poeta Fernando Villalón que el mundo se divide en dos: «Sevilla y Cádiz, y todo lo demás». Es una *boutade*, pero parece fundamentarse en los lejanos tiempos.

Y es que la ciudad europea más antigua, más que Roma, más que Atenas, es Cádiz, fundada mil doscientos años antes de Jesucristo, ciudad, pues, trimilenaria.

A partir de esa lejana historia, por aquí pasarían todas las civilizaciones, y llama la atención de los historiadores, que con tal fusión de sangre y de cultura en una heterogeneidad de pueblos, haya logrado ser un pueblo con carácter, temperamento y personalidad. Cuando Theodor Mommsem publica *Carta de España*, dirá: «España ya está ahí fundada, los íberos, los celtas, los fenicios, los griegos, los cartagineses, los hebreos y los romanos». Y España sigue siendo España, la misma que describen Aristóteles, Estrabón, Plinio, Pompeyo Trogo y cuantos podríamos citar. Después llegarán germanos, árabes, berberiscos. Y España seguirá siendo España.

No resulta fácil compaginar esta flexible capacidad de recepción de lo nuevo, lo diferente con la actitud que llegará a ser el drama de España, la intolerancia con el discrepante. Y el mal viene de lejos; cuando la debilidad hace presa en el imperio romano se busca un emperador en tierras de España, Teodosio (el tercero, tras Trajano y Adriano, todos nacidos en Itálica, Sevilla, aunque hay cierta polémica con este dato). Será Teodosio quien imponga, mediante decreto en el año 380 la unidad de la fe a todos los súbditos del imperio romano. «Los que sigan esta ley trinitaria serán comprendidos como cristianos católicos; los demás como herejes, que serán castigados por la justicia divina y por la autoridad imperial».

Será el comienzo de la unidad de la fe, la fusión de Estado y religión, el drama para la conciencia disidente, el drama para la libertad de espíritu, como expresaría Fernando de los Ríos.

Desde aquella temprana decisión podemos entender, al paso del tiempo, qué quería decirnos el artista Goya, cuando nos pinta luchando a garrotazos con las piernas hundidas en la tierra, para que ninguno pueda escapar de la tragedia.

Ya se dibujan las dos Españas, según expresión del autor portugués Fidelino Figueiredo, *As duas Espanhas*, una abrazada a la unidad de la fe; otra luchando por la libertad como esencia de la dignidad. Dirá el poeta:

Una de las dos Españas
ha de helarte el corazón.

Ya hemos referido el decreto de Teodosio, pero aún más central se hizo el problema ante la invasión musulmana de la península.

La construcción histórica de España

La dominación romana de Hispania —que les costó ciento noventa años— dio un impulso a las relaciones de los diversos pueblos que habitaban la península, logrando una cohesión que hizo pensar en la emancipación de Roma de la diócesis Hispania. Más tarde, en el siglo v la monarquía visigoda proporcionó la primera unidad de España. La invasión musulmana en el siglo VIII pareció que terminaría ocupando todo el territorio pero su fracaso en el norte supuso el comienzo de un proceso de recuperación territorial hasta la conquista del reino nazarí de Granada. Los protagonistas: Isabel de Castilla y Fernando de Aragón. La unión de estos reinos mediante matrimonio dio como fruto la unidad de España, su conversión en nación y en la primera forma de Estado de España (José Antonio Maravall). La conquista de la Andalucía penibética y la anexión de Navarra completarán la unidad.

¿Qué nace entonces, una nación, un Estado o una nación y un Estado? Son conceptos sobre los que caben precisiones y polémicas, pero es seguro que nace una construcción histórica que hoy llamamos España.

Una España de grandes empresas, el descubrimiento de un mundo nuevo, la construcción de un imperio, el desarrollo de inmensas tierras con mayor preocupación y humanidad que cualquiera empresa semejante con que se compare, con la mezcla de españoles y locales, el mestizaje, caso único en la historia de las conquistas territoriales, con la extensión de la lengua. ¿Es que no merece las críticas que se hacen? En parte sí y en parte no. Y, globalmente, de ninguna manera. No es difícil imaginar, si esa obra hubiese sido labrada por Francia, Inglaterra o Alemania, la agobiante exaltación que de ella harían.

El caso de España es un ejemplo claro de hechos que habrían de prefigurar las características de los nacionalismos de nuestro país muchos años después.

Hemos de pensar que la unidad territorial se alcanza por los reinos de Castilla y Aragón en la resistencia a las conquistas musulmanas, en la reconquista. Si nos situamos en la realidad de entonces y no hacemos *presentismo* (analizar el pasado como si entonces supieran los datos que hoy conocemos), trampa de los falsos historiadores, reconoceremos que el factor definitorio de aquella unidad «nacional» en lucha con la invasión musulmana lo constituía el carácter católico de los unitarios. La religión llega a ser el instrumento de homogeneidad, lo que les lleva a la conversión de los «extranjeros» y a la expulsión de los que no se conviertan, así ocurrió con moriscos y judíos.

Ligaban la fe católica a la pertenencia a la comunidad que estaban construyendo. Esta será la razón —para aquella época— que les lleva a la creación del Santo Oficio, la Inquisición, creada en 1478, con la misión de comprobar la veracidad de las conversiones.

Pronto el control inquisitorial de las conciencias se ampliará más allá de lo religioso, interesándose no solo por la heterodoxia religiosa, judíos, moriscos, protestantes, exorcistas, alumbrados, etc., sino que se extiende al conjunto de la población, persiguiendo a los filósofos, librepensadores, lectores de libros prohibidos, blasfemos, bígamos, etc.

La Inquisición vivió trescientos cincuenta años, pues fue definitivamente disuelta en 1834, lo que inspiró a Mariano José de Larra, Fígaro, su acertado epitafio: «Aquí yace la Inquisición, murió de vejez». Pero siguió su espíritu, el espíritu inquisitorial que tanto ha contribuido a la división en la dos Españas fratricidamente enfrentadas.

Así nace el nacionalcatolicismo al que responderán más tarde los nacionalismos periféricos.

La responsabilidad de establecer quién pertenecía a la nación que estaban construyendo y quién no, en base a la fe religiosa, estuvo depositada en un tribunal religioso, el Santo Oficio; desaparecido este en 1834, se recuperará la facultad de anatematizar de antiespañoles con la creación de una suerte de inquisición militar. La ley de jurisdicciones de 1905 establecía que los delitos contra la patria serían juzgados por tribunales militares. Miguel de Unamuno reaccionaría diciendo que «en cuanto se haga a los militares especialistas en patriotismo, que debe ser lo más general y más común en la nación, el sentimiento patriótico empezará a falsearse y a debilitarse, haciéndose patriotería».

En aquella realidad encuentra su razón el posterior nacionalismo español, el nacionalcatolicismo que encuentra su máxima fuerza durante la etapa de la dictadura del general Franco, un caudillo que se apena por la vileza en la que han desembocado el resto de las naciones, que solo pueden redimirse por el esfuerzo de su brazo y de su fe, autoproclamándose «centinela de Occidente».

A fines del siglo XIX, cuando España sucumbe a una depresión general con la pérdida de las últimas colonias (Cuba, Filipinas y Puerto Rico), cuando se pierde la huella del imperio tras los últimos tres siglos en los que la nación fue debilitándose, es cuando los grupos nacionalistas de Cataluña, País Vasco y Galicia plantean sus reivindicaciones secesionistas al Estado.

De las actitudes propias del nacionalismo español trasnochado quedan vestigios en grupos de nostálgicos, pero debemos confesar, si queremos ser verdaderos, que la preocupación substancial hoy no procede del viejo nacionalismo español. La inquietud procede de los nacionalismos de subnación o subestado que han tomado un rumbo en la última década que pone en cuestión la existencia del Estado, la permanencia de España.

Cuando Emmanuel Kant enunció el principio de autodeterminación de la persona individualmente no pudo imaginar que otros —Fichte, Schlegel— lo interpolarían a la autodeterminación de los pueblos. El cambio es trascendente, pues de los derechos de los individuos han pasado a los derechos de los pueblos, pero ¿cómo pueden establecerse, acotarse, definirse los derechos de los pueblos?

Aquí entra en juego la *intelligentsia* nacionalista que se ocupará de proporcionar autodefiniciones, objetivos comunes para movilizar a la comunidad pasiva, reticente al discurso nacionalista pero que van adhiriéndose a esta ideología. Mientras, los nacionalistas les descubren un pasado étnico, unos dioses propios, héroes, leyendas, mitos, territorios sagrados, épica de la resistencia, victimarios para lograr la adhesión popular a su invención nacional en busca de la nación política, del control político, cultural y económico por los nuevos sacerdotes que les alimentan con una religión popular.

Los intelectuales-educadores nacionalistas elaboran una historia poética en la que se entrelazan los hechos y las leyendas para crear mitos de pureza de sangre y de resistencia a una supuesta tiranía exterior. Los predicadores políticos nacionalistas intentan hacer renacer al pueblo elegido, que tuvo su edad de oro, pero que fue sometido y empujado a la decadencia o el letargo.

Es así como funciona la creación de todo nacionalismo que, por cierto, en el siglo XX provocó dos guerras mundiales con setenta millones de muertos y un centenar de guerras locales. Esta profusión de sangre y odio le hizo opinar a Stefan Zweig: «He visto nacer y expandirse ante mis propios ojos las grandes ideologías de masas: el fascismo en Italia, el nacionalsocialismo en Alemania, el bolchevismo en Rusia, y sobre todo, la peor de todas las especies, el nacionalismo que envenena la flor de nuestra cultura europea».

Es hora de volver a nuestro hilo argumental. La digresión acerca de los nacionalismos traía causa de la construcción de la unidad de España durante la larga campaña de recuperación de los territorios ocupados por la invasión musulmana.

Una paradoja más de la España en construcción será la invención de los expedientes de pureza de sangre. La mitad del cabildo de la catedral de Toledo o la de Córdoba tenía ascendencia hebrea o morisca, era de sangre impura. Exigir pureza de sangre a un pueblo, a una España fundidora de sangres, mestiza de todas las culturas es una de las paradojas de nuestra historia, pero no la única.

Como lo es que España acostumbre a ir en dirección contraria a las otras naciones. Válganos dos ejemplos de seguridad en su potencial frente al acobardamiento de los demás. Cuando en el siglo XVI el turco Solimán tenía sobrecogida a Europa, es España la que vencerá la amenaza del imperio turco. Y tres siglos más tarde, cuando nadie en Europa puede detener la fuerza de conquista del emperador Napoleón, es en Bailén donde un ejército de desharrapados, sin uniforme militar, habrá de frenar la fuerza que se adueña de toda Europa. Es durante este tiempo de batallas cuando España acuñará dos términos que marcarán los siglos posteriores: el concepto liberal y los términos guerrilla y guerrillero. El eco de la batalla de Bailén llegó a Prusia y a otras cancillerías, haciéndoles perder el miedo y mirar a España como esperanza.

Volvamos a la España del imperio en cuyo contexto tomará auge lo que acabará llamándose la leyenda negra, las grotescas descripciones sobre el carácter de los españoles como personas y como colectividad, la ignorancia deliberada de cuanto nos es favorable y la magnificación de los aspectos negativos. Como escribió Julián Juderías: «Entendemos por leyenda negra, la leyenda de la España inquisitorial, ignorante, fanática, incapaz de figurar entre los pueblos cultos lo mismo ahora que antes, dispuesta siempre a la represión violenta; enemiga del progreso y de las innovaciones; o en otros términos, la leyenda que habiendo empezado a difundirse en el siglo XVI a raíz de la Reforma, no ha dejado de utilizarse en contra nuestra desde entonces y más especialmente en momentos críticos de nuestra vida nacional».

No es preciso adentrarse más en este asunto sobre el que contamos con recientes y documentados libros como el de María Elvira Roca que ha colocado el saber sobre el tema en el conocimiento general con su libro *Imperiofobia y leyenda negra.*

En todo caso, porque afecta a la concepción de España y los españoles, no puedo dejar de señalar que la gran diferencia respecto de otras leyendas que todo imperio provoca es que en nuestro caso, lejos de combatirla, los españoles aceptaron, aceptamos, incluso complacidos, la versión más negativa de nuestra realidad, como el más gigantesco homenaje a Leopold von Sacher-Masoch.

Lo explica Pierre Chaunu: «Las representaciones exteriores de España son también las que le han afectado más profundamente. Estamos en presencia de un doble efecto, más complejo que en ningún otro caso. La leyenda negra es el reflejo de un reflejo, una imagen doblemente deformada puesto que aparece doblemente reflejada. La leyenda negra es, por así decir, la imagen exterior de España tal y como España la percibe. La especificidad profunda de la leyenda negra radica, no tanto en el hecho de que la representación exterior de las Españas haya sido más intensa y más exageradamente atacada que la de otros países, sino especialmente en que esta imagen de sí misma ha afectado a España como no ha afectado a ninguna otra imagen externa a cualquier otra nación. La leyenda negra consiste, por tanto, en los rasgos negativos —que son objetivamente los más repetidos— que la conciencia española descubre en la imagen de ella misma».

Aun con todo, a principios del siglo XVII, España conserva una importancia suma. Era la primera potencia militar del mundo y el conjunto de los dominios de la monarquía hispánica era extraordinario: los reinos de Castilla, Aragón y Portugal, los territorios de Italia, sobre todo Milán y Nápoles, los dominios de Flandes, Luxemburgo y el Franco-Condado, y los inmensos territorios de las Indias Occidentales y Orientales conquistados por los españoles y los portugueses. Es lo que suscita una literatura pagada por los enemigos que prodigan las diatribas contra España, que irrita a Quevedo, quien publicará en 1609 su *España defendida,* para dejar clara constancia de lo que España es, su importancia en las artes, las armas y las letras.

Permítanme citar, más por cariño y admiración al personaje, a don Ramón Carande, que, con noventa y ocho años y con motivo de una distinción que le entregué, dijo con su ocurrente facundia: «La gloria de España, digan lo que quieran los autores de la leyenda negra, no la anula nadie, lo que ha hecho España en el Nuevo Mundo no lo iguala nadie. Ha creado un credo, un idioma y, lo más importante, ha establecido el mestizaje, se ha mezclado con la sangre nueva, esa capacidad creativa; que me busquen otro país que haya podido hacerlo…».

A pesar de todo, un sentimiento de decaimiento, reforzado por las dificultades económicas, se va instalando en la conciencia de los españoles. En un memorial de 1600, escrito por Martín González de Cellorigo, se lee: «Ha llegado el tiempo que todos juzgamos como de peor condición que los pasados». Tal vez era una remembranza de *Las coplas a la muerte de su padre* de Jorge Manrique:

cómo a nuestro parescer
cualquiera tiempo pasado
fue mejor.

Se va conformando entre los españoles una conciencia histórica, una imagen del pasado y de las expectativas de futuro que va dominando la conciencia colectiva de la sociedad española. La palabra que mejor puede definir el estado de ánimo general es la de decadencia. Durante dos siglos la conciencia de la decadencia de España es la más extendida percepción de un pueblo que quiere dejar de mirar al pasado para construir un futuro diferente, un futuro mejor.

Es el drama que simboliza el fracaso de una España que pudo ser y no fue. Lo representa bien el poeta Antonio Machado en sus poemas dedicados al tema de España como preocupación. La estructura de sus versos nos habla de una España arcaica a la que contrapone la España del futuro, progreso y justicia, para acabar con una llamada a la acción dirigida a la juventud.

Así en «El mañana efímero»:

Esa España inferior que ora y bosteza,
vieja y tahúr, zaragatera y triste;
esa España inferior que ora y embiste,
cuando se digna usar de la cabeza.
(...)
mas otra España nace,
la España del cincel y de la maza,
con esa eterna juventud que se hace
del pasado macizo de la raza.
Una España implacable y redentora,
España que alborea
con un hacha en la mano vengadora,
España de la rabia y de la idea.

Es una visión dialéctica de la historia de España:

A. España arcaica y rural.
B. España que nace:
  — del cincel y de la maza (del arte y del trabajo).
  — de la rabia y de la idea (de la justicia y el pensamiento).

Encontramos la misma estructura en «Una España joven»:

y dijo: «El hoy es malo, pero el mañana… es mío».
Y es hoy aquel mañana de ayer… Y España toda,
con sucios oropeles de carnaval vestida
aún la tenemos: pobre y escuálida y beoda;
mas hoy de un vino malo: la sangre de su herida.
Tú, juventud más joven, si de más alta cumbre
la voluntad te llega, irás a tu aventura
despierta y transparente a la divina lumbre,
como el diamante clara, como el diamante pura.

El momento del regeneracionismo

Es lo que desembocará, a fines del XIX, en una conciencia de fracaso que dará como contrapunto una plétora de intelectuales y escritores que van a impulsar las ideas de regeneración de la nación. Aparecen las grandes figuras de la época, encabezadas por Francisco Giner de los Ríos, líder indiscutible del movimiento krausista, Joaquín Costa, Rafael Altamira, etc., que habían reaccionado al decreto que suprimía la libertad de cátedra en las universidades y prohibía las enseñazas contrarias al dogma católico, creando la Institución Libre de Enseñanza, de espíritu libre y humanista.

En la retórica del momento se impondrá la idea de regeneración, entendiendo que el hundimiento del país era de tal alcance que era necesario que España volviera a nacer, a regenerarse por completo. Los intelectuales reflexionan en un tono angustiado sobre los problemas de España y las posibles vías para solucionarlos con la mirada puesta en el resurgimiento de un esplendor que creían perdido por la patria.

Debe ponerse en cuestión la etiqueta de pesimistas que se ha atribuido a estos intelectuales de forma un tanto superficial. La introspección nacional en la esencia del pueblo español se hacía cargada de tintes pesimistas, pues lo que se buscaba era la explicación de un fracaso histórico, de un desastre. Ahora bien, desde el punto de vista político, el pesimismo de la literatura regeneracionista es solo apariencia. Bien mirado, el discurso político del regeneracionismo peca más bien de optimismo: si pintaban con tintas negras la España de la restauración era porque esperaban que el efecto de su crítica sería el cambio de ese orden de cosas; si deslegitimaban a la clase política era porque confiaban en las virtudes de otros grupos sociales llamados a substituirla en la dirección del país (bien fuera el pueblo, las clases productoras o las élites intelectuales); si despreciaban la acción política como vía de transformación de la realidad, era para poner en su lugar el viejo sueño del Siglo de las Luces, la emancipación a través de la educación; y si hablaban de una España hundida por las miserias de su régimen político era porque, en definitiva, creían traer la buena nueva de una regeneración posible y necesaria. De nuevo un choque entre lo real y lo ideal. Una paradoja más de nuestra historia que define a una sociedad que, durante siglos, no ha querido aceptar lo que significaba realmente y ha preferido ilustrar su historia con una representación escénica de intereses de clases que no tenían permeabilidad entre ellas.

Así comienza el siglo XX, ligado al desastre del noventa y ocho, con una élite intelectual y artística magnífica —la Edad de Plata de la cultura española— y unas desigualdades sociales lacerantes. Recuérdese que la cima de la representación intelectual convivía con la realidad de Las Hurdes, de la que daría testimonio el documento *Tierra sin pan,* rodado allí por Luis Buñuel.

La República, denigrada e idealizada

El deterioro del régimen monárquico se hace imparable y se agudiza con los primeros acuerdos entre los partidos republicanos y el partido socialista.

En abril de 1931 se celebran elecciones municipales que confirman la derrota de los partidos dinásticos y provocan la salida de España del rey.

Una nueva España aparece ante los ojos de los españoles, no existe aún, pero la proclamación de la República encenderá una llamarada de esperanza en el corazón de la inmensa mayoría de los españoles. Han quedado muchos testimonios de la euforia que levantó en España la proclamación de la República, que venía para construir un país diferente, moderno, europeo, justo, libre e intelectual.

Hoy disponemos de recursos suficientes y de perspectiva en el tiempo para conocer qué fue aquella España que quiso ser y no se permitió que fuese, para reconocer los aciertos y los errores de los partidos y los dirigentes de la República. Sin embargo, más allá de una identificación sentimental con el recuerdo de la República, no hay una clara comprensión de lo que representó la experiencia republicana. Y ello porque durante cuatro décadas la dictadura no dejó de denigrar a la República a la que identificaba con el mal absoluto. Como respuesta se alzó una idealización de aquella etapa. El choque de ambas deformadas perspectivas ha creado una compleja confusión.

Se escribe y se habla hoy, especialmente entre los jóvenes, de la Segunda República como de un todo homogéneo. No fue así, como hemos mencionado anteriormente, es preciso distinguir tres etapas muy diferentes y hasta contradictorias:

- El bienio primero (abril del treinta y uno/noviembre del treinta y tres) con Gobiernos formados por republicanos y socialistas.
- El segundo bienio, llamado bienio negro (noviembre del treinta y tres/febrero del treinta y seis) con Gobiernos de las derechas, muy conservadoras, con radicales y cedistas.
- Y el tercer periodo, del Frente Popular (febrero del treinta y seis/ julio del treinta y seis).

Se puede añadir un cuarto: el tiempo de la contienda civil, ya con otros objetivos, no se trataba tanto de construir la nación republicana como de ganar la guerra.

La proclamación de la República supuso un corte radical con la política de los regímenes anteriores, pero no por obra revolucionaria, sino reformista. La conjunción republicano-socialista que gobernará durante el primer bienio conformaba una República de cooperación de clases, no de lucha de clases. Podría acentuarse el contraste con la burda propaganda antirrepublicana, afirmando que fue una República burguesa más que revolucionaria.

A pesar de la clara distinción de República de cooperación, las fuerzas conservadoras de la política, la

Iglesia, el Ejército, la banca y los grandes propietarios agrícolas consideraron que el proyecto republicano suponía una substitución radical del modelo de sociedad. Y la piedra fundacional de la oposición de las más reaccionarias fuerzas sociales y políticas fue la política cultural de la República.

Se puede afirmar que el Estado republicano era un Estado de cultura. Así, desde luego, lo entendieron los enemigos de la República. Recuérdese que Ernesto Giménez Caballero dijo: «La República vino a España a substituir la religión católica por la religión de la cultura».

La República era consciente de que abandonando la educación en manos de la Iglesia católica, como hasta entonces venía ocurriendo, el enderezamiento del país hacia el camino de perfeccionamiento y progreso no tendría posibilidades. Así que su Estado había de ser laico, convirtiendo a la cultura en una suerte de nueva ética del Estado moderno, del Estado secularizado. Fue así como España, durante el corto tiempo que le permitieron las fuerzas más reaccionarias, se convirtió en un país ávido de instrucción y saber, todo un pueblo que se sentía llamado al conocimiento y la cultura.

Ese renacimiento español fue cortado de raíz por un golpe militar fallido que derivó en una cruel guerra civil en la que España mostraba sus llagas, dividida y enfrentada en dos bandos, de nuevo las dos Españas.

Y los Gobiernos europeos abandonaron a la democracia española. Un vergonzoso pacto de no intervención garantizaba el apoyo de nazis y fascistas a los sublevados mientras dejaba inerme al Gobierno legítimo representante de la democracia española. Ni la leyenda negra cesó ni el abandono a la democracia española pasó a la historia, como ha demostrado la reacción europea, en especial Bélgica y Alemania, ante otro golpe a la democracia, esta vez del nacionalismo catalán.

Si en la guerra España fue una tumba —el triunfo de Tánatos, se contaban más los muertos en la retaguardia que en el frente—, en la inmediata posguerra España era un cuartel. Aún recuerdo el desconcierto con que contemplaban los ojos de niño la sumisión de un pueblo al ritmo de la vida militar. La represión, el miedo y la escasez dominaban la vida de los españoles. A diario se conocían nuevas delaciones, detenciones, encarcelamientos y muertes.

Al atardecer, en las guarniciones militares, se arriaban las banderas de los mástiles que emergían amenazadoras de los balcones y terrazas militares. La guardia formada, el corneta interpretaba el toque que anunciaba el fin del día militar con la ceremonia de arriar la enseña. Los soldados que fueran sorprendidos por aquel sonido de la corneta debían abandonar cualquier actividad, colocarse en posición de firmes y saludar militarmente. El miedo a ser denunciados como poco reverentes fue haciendo que también los civiles respondieran a aquella llamada militar y se paralizaran en las calles, en las plazas, en las tabernas, en las colas de las tiendas de comestibles o las carbonerías. El panorama que se ofrecía al observador era triste y grotesco a la vez. Se oía el lento desgarro de la trompeta, y en las calles, como en una imagen cinematográfica congelada, todos se paralizaban, se detenían en el tiempo. España era un cuartel.

Poco a poco, los españoles fueron desembarazándose de las imposiciones más brutales del régimen franquista. Tímidamente los trabajadores presentan una contestación con huelgas y plantes, pero el momento de quiebra del triunfal asentamiento de Franco y sus secuaces llegó en 1956 cuando las masivas detenciones de estudiantes por las movilizaciones contra el régimen desvelaron que gran parte de los encarcelados eran hijos de los vencedores en la guerra. España se rebelaba contra el poder totalitario, también desde los vástagos de la camarilla de la dictadura.

El aislamiento internacional del régimen alentaba a la oposición en fase de reorganización, cuando los Estados Unidos, con los buenos auspicios del Vaticano, facilitaron la aceptación en Naciones Unidas del régimen represor, lo que complicó la acción de los opositores, pero también favoreció que dentro del régimen aparecieran voces que empujaban a una tímida modernización del sistema.

La muerte del dictador en 1975 situó de nuevo a España en una encrucijada en la que el destino vacilaba. ¿Qué va a ocurrir en España? ¿Se reproducirá el enfrentamiento secular, se podrá llegar a algún tipo de acuerdo?

La oposición que había luchado contra la dictadura y por la democracia, y los elementos más liberales de la estructura del régimen acuerdan unas normas mínimas para acudir todos a unas elecciones libres en 1977. Celebradas, las nuevas Cortes se declaran constituyentes y elaboran un texto constitucional con el concurso de todos. Es la primera vez en la historia de España que se logra un consenso alrededor de la norma que debe regir la vida política y social de la nación.

Digno de ser subrayado es el esfuerzo que harán los constituyentes para comprometer a los nacionalismos periféricos en la construcción del nuevo Estado. España dejaba de ser uno de los países más centralistas para convertirse en uno de los tres países más descentralizados del mundo. España ofreció al mundo una Transición política admirada en todo el planeta.

La Constitución que necesitaba España

Pasado un cuarto de siglo van a aparecer voces críticas con la Transición política y con su máxima expresión, la Constitución. Están en su derecho, pero no tienen razón. Desde posiciones conservadoras se argumenta que los constituyentes fueron demasiado lejos en sus concesiones; desde posiciones progresistas se postula que no se llegó todo lo lejos que se debía. Y unos y otros sostienen que no pudieron detener los avances o ir más allá a causa de la relación de fuerzas en aquel momento. No es una razón convincente. Se hizo lo que necesitaba España y los españoles. Un poco más allá no hubiera contado con el apoyo de la España conservadora; un poco más acá no hubiera tenido la aprobación de la España progresista.

Y llegamos al momento presente. De nuevo los españoles se preguntan: ¿qué es España? ¿Es la suma de diecisiete regiones o comunidades o es una entidad en sí misma más fuerte, más importante y real que la simple agregación de las partes?

Los grupos nacionalistas han aprovechado la debilidad del Estado a causa de la crisis económica padecida a partir de 2007 y la errónea gestión de la crisis, para saltar sobre el Estado buscando su destrucción por centrifugación.

El nacionalismo catalán avasallando a la mayoría de los catalanes ha intentado la secesión de España, con el apoyo irresponsable de gran parte de los medios de comunicación de Cataluña y la benevolencia de algunos intelectuales, de los sindicatos y de algunas instancias internacionales. No saben lo que está en juego. Se llega a pensar si algunos en Europa estarán reeditando el Pacto de No Intervención por el que los Gobiernos europeos abandonaron a la democracia española en los años treinta.

Es en circunstancias como las actuales cuando más necesario se hace la afirmación de España como nación y Estado. Es cuando los dirigentes políticos y líderes sociales y culturales debieran ser claros en la defensa de una España que se admira y se quiere pero parece que les avergüenza decirlo.

Algunos ignorantes evitan emplear el término España. Cuán necesario se hace expresar la fe en España. La derecha lo hace a veces, pero su crédito no es suficiente en esta materia, pues justa o injustamente no son pocos los que la consideran heredera de aquella que patrimonializaba el concepto de patria. Y la izquierda no tiene el fuste que se precisa para desprenderse del síndrome del franquismo, ¿podríamos hoy escuchar en un dirigente progresista expresar en un mitin palabras como las pronunciadas en Cuenca el 1 de mayo de 1936?

> Se nos acusa, a quienes constituimos el Frente Popular, de que personificamos la antipatria, de que odiamos todo lo español, o se nos dice que, si no lo odiamos, tenemos para lo español, por estar embebidos en ideales de tipo universal, desdén y desprecio.
>
> Yo os digo que no es cierto. A medida que la vida pasa por mí, yo, aunque internacionalista, me siento cada vez más profundamente español. Siento a España dentro de mi corazón, y la llevo hasta en el tuétano mismo de mis huesos. Todas mis luchas, todos mis entusiasmos,

todas mis energías, derrochadas con prodigalidad que quebrantó mi salud, las he consagrado a España.

Fin de la cita, que yo suscribo. Habla Indalecio Prieto.

De entre los que hoy reivindican —más por pose que por conocimiento o convicción— la República, ¿cuántos estarían dispuestos a asumir las palabras de quien fue su más representativo presidente, Manuel Azaña?:

> Cuando yo hablo de mi nación, que es la de todos vosotros, y de nuestra patria, que es España, cuyas seis letras sonoras restallan hoy en nuestra alma como un grito de guerra y mañana con una exclamación de júbilo y de paz; cuando yo hablo de nuestra nación y de España, que así se llama, estoy pensando en todo su ser, en lo físico y en lo moral: en sus tierras fértiles o áridas; en sus paisajes, emocionantes o no; en sus mesetas y en sus jardines. Y en sus huertos, y en sus diversas lenguas, y en sus tradiciones locales. En todo eso pienso, pero todo eso junto, unido por la misma ilustre historia. (Valencia, 1937).

Definitivamente, ¿qué es España?

España es una construcción de la historia encarnada en los hombres y mujeres de una geografía concreta que han mostrado su flexibilidad para aceptar lo nuevo, lo diferente durante milenios, también con una cierta intolerancia ante el discrepante.

España ha aportado al mundo un sentido propio, acendrado, del honor, de la disposición de entregar la vida y la libertad por una causa que considera justa, que ha hecho cabalgar por las tundras y las estepas, por los valles y las montañas a un caballero andante que sigue identificando para el mundo el carácter de lo español. *El Quijote* representa todo lo amable, lo perdido, lo puro, lo generoso y lo gallardo.

Los asuntos que afectan a los españoles se viven en otros muchos lugares del mundo como si fueran propios. Baste recordar un acontecimiento local que se hizo universal. Cuando en 1936 se produce el levantamiento militar, no quedará en el mundo un pueblo, aldea o ciudad donde no se produzca la división, se apoya a los republicanos o a los sublevados. Miles de extranjeros acudirán a los campos de batalla a arriesgar sus vidas por lo que consideran la última guerra por una causa, lejos de los intereses que mueven las luchas, querían ser quijotes en combate por la justicia, por la verdad.

España será siempre una España fundidora. Se trata siempre de fundir, de crear una nueva España siempre disconformes con la que tenemos, siempre apuntando a, tal vez, un imposible, siempre encendiendo la llama, la más viva ansia del alma española.

El romántico Friedrich Schelling definió el tema de la novela de *El Quijote* como «la lucha de lo real con el ideal». No hay mejor definición de España y de su historia. España es la lucha entre lo real y lo ideal.

Es en las encrucijadas en las que el destino duda cuando hemos de encontrar lo que mejor poseemos en nuestro interior para construir una España de tolerancia y firmeza, en la que seamos conscientes de nuestra obligación cívica de defender las normas que hemos acordado entre nosotros, que son, por cierto, las más modernas, abiertas, inclusivas que ha tenido España desde que en el siglo XVIII nació en Europa el constitucionalismo.

Ya he expresado la idea de que España se ha formado con contrastes extremos. Grandeza y miseria, hazañas y persecuciones, nobleza de espíritu e intolerancia. En nuestros días puede comprobarse el contraste en la construcción de una España de la infamia, cuando unos matones maltratan a dos parejas de novios que descansaban tomando un refrigerio en un bar. Tal acto de violencia motivó una manifestación de miles de personas, ¿en apoyo de los maltratados? No, en solidaridad con los matones.

En unas escuelas los maestros humillan a los niños cuyos padres pertenecen a las Fuerzas de Seguridad del Estado. Ante el colegio se concentran padres y alumnos, ¿para apoyar a los niños ofendidos? No, para apoyar a los maestros torturadores. Unos políticos nacionalistas asaltan al Estado con una declaración de independencia de una parte de la nación española; interviene la justicia y algunos de ellos muestran su cobardía llegada la hora de responder de sus acciones, huyen al extranjero donde denigran públicamente a España y presentan una querella contra el juez que les investiga. Es la España de la infamia que en los últimos años parece que gana terreno. Mientras que, valga como un ejemplo, España viene asombrando al mundo durante veinticinco años consecutivos como el país de más alta tasa de donación altruista de órganos para salvar vidas de personas amenazadas por la muerte. La España de la nobleza de espíritu. Siempre el contraste. Y la paradoja, ¿o acaso no lo es que se jalee y aplauda el grito de *«Visca Catalunya»*, que se valore como épico el lema *«Gora Euskadi»,* pero no se acepte la expresión «Viva España», so pena de recibir el anatema de facha, que se ha convertido en el adjetivo preferido de los impostores de la izquierda de salón?

Ha llegado el momento de que los progresistas se despojen de los prejuicios y proclamen su patriotismo. Yo seguiré luchando por la España en la que creo.

Termino, la unidad de España no es otra cosa que la igualdad entre españoles, así de simple, así de democrático. Es este el principio fundamental de la construcción de nuestra España.

ESTE LIBRO SE TERMINÓ DE IMPRIMIR
EN EL MES DE ENERO
DE 2019